JÖRG STADELBAUER

REGIONALFORSCHUNG
ÜBER SOZIALISTISCHE LÄNDER

ERTRÄGE DER FORSCHUNG

Band 211

JÖRG STADELBAUER

REGIONALFORSCHUNG ÜBER SOZIALISTISCHE LÄNDER

Wege, Möglichkeiten und Grenzen –
Eine Bestandsaufnahme westlicher, meist deutschsprachiger
Untersuchungen aus den 70er Jahren

Mit 1 Abbildung im Text

1984

WISSENSCHAFTLICHE BUCHGESELLSCHAFT

DARMSTADT

CIP-Kurztitelaufnahme der Deutschen Bibliothek

Stadelbauer, Jörg:
Regionalforschung über sozialistische Länder: Wege,
Möglichkeiten u. Grenzen – e. Bestandsaufnahme
westl., meist dt.-sprachiger Unters. aus d. 70er
Jahren / Jörg Stadelbauer. – Darmstadt:
Wissenschaftliche Buchgesellschaft, 1984.
  (Erträge der Forschung; Bd. 211)
  ISBN 3-534-01277-1
NE: GT

1 2 3 4 5

 Bestellnummer 1277-1

ISSN 0174-0695
ISBN 3-534-01277-1

INHALT

VORWORT

Der hier vorgelegte Forschungs- und Literaturbericht entstand im Zusammenhang mit einem auf dem 44. Deutschen Geographentag in Münster/Westfalen (1983) gehaltenen Vortrag. Dort konnten nur einige Grundtendenzen der geographischen Regionalforschung über sozialistische Länder angedeutet werden; Beispiele und Literaturhinweise mußte ich den Zuhörern schuldig bleiben.

Bei der weiteren Arbeit an dem Bericht konnte ich zahlreiche Anregungen und Ergänzungen berücksichtigen, denn mehrere Fachkollegen — meist selbst schwerpunktmäßig in der Osteuropaforschung tätig — erübrigten die Zeit, einen bereits ausführlichen Entwurf zu lesen und mich mit wertvollen Hinweisen zu versorgen. Keiner tat dies, um sich selbst möglichst häufig zitiert zu finden, sondern um mein notwendigerweise bisweilen subjektives und wohl auch durch die Beschäftigung mit der Sowjetunion etwas einseitiges Bild zu korrigieren, wo es nötig erschien. Verbleibende Fehlinterpretationen habe ich allein zu vertreten.

Diesen Kolleginnen und Kollegen gilt mein herzlicher Dank für die Mühe, der sie sich unterzogen haben. Für die Reinschrift des Manuskripts, für die Hilfe bei den Korrekturarbeiten und für die Herstellung des Composersatzes danke ich den Damen R. FISCH, A. GALLIEN und M. WILLMANN. Das Manuskript wurde im Dezember 1983 abgeschlossen.

1. VORBEMERKUNGEN

Von einem Forschungsbericht, dessen Berichtsgebiet fast ein Viertel der Festlandfläche und ein Drittel der Weltbevölkerung erfaßt, und der einen Zeitraum von etwa anderthalb Jahrzehnten einschließen soll, darf selbst dann keine Vollständigkeit erwartet werden, wenn die Publikationsdichte geringer als im Hinblick auf andere Erdgegenden ist. Weder sind die Grenzen unseres Faches so eng gezogen, daß eine eindeutige Abgrenzung der Fachliteratur möglich wäre, noch kann ausgeschlossen werden, daß entlegene Veröffentlichungen übersehen wurden, noch ist eine eingehende Würdigung der rund 600 in die Betrachtung einbezogenen Arbeiten möglich. Daher sollen nur einige hauptsächliche Entwicklungslinien, Themenschwerpunkte und Ergebnisse vor dem Hintergrund von Forschungsmöglichkeiten und -schwierigkeiten aufgezeigt werden, um daran offene Fragen und Forschungsdefizite zu formulieren, aus denen sich die weitere Diskussion ergeben mag.

Die regionalgeographische Erforschung der sozialistischen Länder knüpft an Untersuchungen an, die in der Zwischenkriegszeit mit räumlichem Bezug zu Ost- und Ostmitteleuropa durchgeführt wurden, die aber als Teil der „Ostforschung" auch geopolitisch belastet waren, obwohl bei weitem nicht alle Arbeiten jener Zeit geopolitische Ziele verfolgten. Vielmehr bemühten sich schon in der frühen Nachkriegszeit die Verfasser des Fiat-Wissenschaftsberichtes (H. v. WISSMANN, Hrsg., 1948/1949) und C. TROLL (1947) um eine Rechtfertigung der deutschen geographischen Forschung während der nationalsozialistischen Herrschaft — auch im Hinblick auf die Länder Osteuropas. Der institutionelle Ausbau der Osteuropakunde in der Zwischenkriegszeit, die persönlichen Erfahrungen und wissenschaftlichen Beobachtungen während der Kriegs- und Gefangenschaftszeit und die personelle Kontinuität bestimmten zahlreiche Veröffentlichungen bis weit in die 60er Jahre. Erst dann setzte eine Art wissenschaftlicher Vergangenheitsbewältigung ein, als eine jüngere Schülergeneration — wiewohl in vielen Fällen mitgeprägt durch den engen Kontakt zu ihren Lehrern und durch Herkunftsbeziehungen — im Vorfeld einer sich anbahnenden politischen Annäherung an die sozialistischen Staaten des Ostens begann, neue Fragen an diesen Raum zu richten, neu entwickelte Methoden auf ihn anzuwenden und erneut um ein vorurteilsfreies Verständnis zu ringen.

Wenn auch dieser Neuzugang zu der regionalen Geographie der sozialistischen Länder schon in den 60er Jahren einsetzt, mag es gerechtfertigt sein, den Hauptakzent des folgenden Überblickes auf die 70er Jahre zu legen und damit die Zeitspanne herauszugreifen, in der der Optimismus hinsichtlich der Öffnung eines neuen Tätigkeitsfeldes zunächst noch durch die Ostverträge genährt, dann aber durch die Realität der Forschungsmöglichkeiten oft rasch wieder zurückgedrängt wurde. Dabei war freilich die anfängliche Euphorie nicht so ausgeprägt und auch die Enttäuschung, die sich einstellte, als nicht alle Erwartungen erfüllt wurden, nicht so groß wie in den letzten Jahren im Fall der Volksrepublik China. Die noch bescheidene Öffnung Albaniens für westliche Reisende und zaghafte wissenschaftliche Kontakte zeigen allerdings, daß die Unzugänglichkeit der sozialistischen Staaten nicht konstant bleibt.

Zu den folgenden Ausführungen sind einige kurze Vorbemerkungen erforderlich:

1. Der Begriff 'sozialistische Länder' meint in erster Linie die Sowjetunion und die von ihr politisch abhängigen Staaten Mittel- und Südosteuropas, ferner in Europa Jugoslawien und Albanien, außerdem die Volksrepublik China, die Mongolische Volksrepublik sowie die Demokratische Volksrepublik Korea (wobei diese beiden Staaten in der zu überblickenden geogra-

phischen Literatur schon deutlich unterrepräsentiert sind);
ausgeklammert wird Kuba. Es fehlen asiatische und afrikani-
sche Staaten, die einen teils selbständigen, teils von Moskau
beeinflußten sozialistischen Weg eingeschlagen haben (z.B.
Vietnam, Laos, Kampuchea, die Demokratische VR Jemen,
Äthiopien, Angola, aber auch Tansania, Madagaskar u.ä.). Das
Schwergewicht wird auf dem östlichen Europa, der Sowjetunion und der VR China liegen.

2. Nicht die Regionalforschung in sozialistischen Ländern
insgesamt, sondern der Beitrag, den westliche deutschsprachige
Geographen dazu leisten, ist Gegenstand des Überblicks. Und
dabei wiederum wird der Anteil der Bundesrepublik Deutschland im Vordergrund stehen, während auf die Arbeiten aus der
Schweiz und aus Österreich nur randlich eingegangen wird;
auch die sicher sehr wesentlichen, aber aus einer anderen Perspektive verfaßten Arbeiten von Kollegen aus der DDR (vgl.
dazu auch SPERLING 1983a) wurden nur ergänzend und dann
vor allem im Hinblick auf andere Zugangsmöglichkeiten oder
unterschiedliche Ansätze aufgegriffen.

3. Die zeitliche Eingrenzung des Berichtes ist nicht zufällig.
Der Generationswechsel von den Lehrern zu den Schülern (von
denen viele bereits wieder „Lehrer" sind) ist nur ein Ansatz,
dazu ein sicher nicht in aller Ausschließlichkeit geeigneter.
Aber bekanntlich ist der Umbruch Ende der 60er Jahre noch
viel umfassender: Der Wirtschaftsaufbau der Nachkriegszeit
gilt als abgeschlossen; die Jugend kritisiert – zunächst von der
Erfahrung des Vietnam-Krieges ausgehend – das teilweise aus
der Vor- und Nachkriegszeit tradierte politische und soziale
Wertesystem, vor allem seine Verkrustungen; politisch setzen
die Gespräche mit den sozialistischen Staaten ein Signal, dem
die Ostverträge folgen. Innerhalb der geographischen Wissenschaft sind die Rezeption wissenschaftstheoretischer Ansätze,
die massive Kritik an der herkömmlichen Länderkunde auf
dem Kieler Geographentag 1969, der Paradigmenwechsel in
der Wirtschafts- und Sozialgeographie und die methodische

Neuorientierung in einer quantitativen und theoretischen Geographie (GIESE 1980) Merkmale des Umbruchs. ANWEILER (1977, S. 190 f.) sowie KARGER und SPERLING (1980, S. 190 f.) haben darauf hingewiesen, daß Ende der 60er Jahre eine neue Phase der Osteuropaforschung einsetzt. Mag der Umschwung auch weniger markant sein, als er in den Geschichtswissenschaften hervortritt, wenn man etwa die Literatur zur Sowjetunion durchsieht (vgl. MARTINY 1980), so berechtigt sowohl die seither vergangene Zeit als auch die Tatsache, daß der Zeitpunkt, zu dem der Bericht angefertigt wird, ebenfalls eng mit sozialen, wirtschaftlichen und wissenschaftsinternen Veränderungen verknüpft ist, dazu, eine Bestandsaufnahme zu versuchen.

Der Zusammenhang mit der politischen Neuorientierung der frühen 70er Jahre wird auch bei der Interpretation westlicher Regionalforschung durch Autoren in den sozialistischen Staaten anerkannt; die von doktrinärer politischer Voreingenommenheit getragenen Thesen, die SCHMELZ (1983) aus dem Blickwinkel der DDR für die westdeutsche Polenforschung aufstellt, beschränken sich allerdings auf Darstellungen aus dem Bereich der historischen und politischen Wissenschaften.

4. Damit wird der folgende Überblick sicher zu einer Art Literaturbericht. Dies erscheint sinnvoll, obwohl A. KARGER und W. SPERLING (1980) erst vor drei Jahren eine ähnliche Übersicht vorgelegt haben. Im Gegensatz zu dieser Bestandsaufnahme in der Zeitschrift „Osteuropa", erschienen aus Anlaß des II. Internationalen Kongresses für Osteuropa- und Sowjetstudien in Garmisch-Partenkirchen, soll im folgenden aber nicht ein länderweise gegliederter Überblick gegeben werden, sondern es geht darum, einige Grundtendenzen inhaltlicher Art aufzuzeigen. Damit ist die Frage verbunden, ob die im Westen üblichen „Forschungsfronten" durchweg auch für das westliche Geographeninteresse an den sozialistischen Staaten bestehen und mit welchen Erfolgschancen Regionalforschung an

diesem Objekt betrieben werden kann. Die beiden Bände *'Aktuelle Bibliographie deutsch-, englisch- und französischsprachiger Arbeiten zur Geographie Osteuropas'* des Berliner Osteuropa-Instituts (ROSTANKOWSKI, DEGENHARDT und LIEBMANN 1978; ROSTANKOWSKI, LUBER und KRÜGER 1982) bieten dazu die wichtigsten bibliographischen Hinweise und erfassen zugleich das Schrifttum, welches dem einer slawischen Sprache nicht mächtigen Interessenten zur Verfügung steht.

Für einzelne Teilthemen und zur geographischen Wissenschaft in mehreren hier herausgegriffenen Ländern wurden im Berichtszeitraum kleinere Forschungsberichte vorgelegt, so zur Siedlungsgeographie der UdSSR (FISCHER 1966), zur Stadtgeographie Polens (DZIEWONSKI 1973) zur ČSSR (SPERLING 1969), zu Ungarn (PÉCSI 1979), zur Urbanisierung in Rumänien (HELLER 1974), zur Historischen Geographie Rußlands (GOEHRKE 1975), zur Schulgeographie in der DDR (SPERLING 1982), über die Geographie in China (MANSHARD 1979, 1980), über die Südosteuropaforschung (MAIER 1976). Dazu kommen größere Bibliographien, vor allem eine annotierte Auswahlbibliographie zur Landeskunde der DDR (SPERLING 1978) und Albaniens (HETZER und ROMAN 1983), ferner Regionalbibliographien (z.B. Südosteuropa-Bibliographie, 1976/82) und sachlich-thematische Bibliographien (z.B. KESSLER 1979). Die unüberschaubare Zahl ausländischer Regional- und Nationalbibliographien oder Verzeichnisse räumlich spezialisierter Bibliographien müßte sich anschließen. Die genannten Arbeiten sind als Wegweisungen und als Hilfsmittel zu verstehen; sie können jedoch die Auseinandersetzung mit der Fachliteratur nicht ersetzen.

2. FORSCHUNGSFELDER

Ein eindeutiger Forschungsschwerpunkt läßt sich für den Berichtszeitraum und das Berichtsgebiet nicht ausmachen, doch gehören — zumindest auf der sozialwissenschaftlichen Bezugsebene — die meisten Untersuchungen zu einem Themenbereich 'sozioökonomischer Strukturwandel und seine räumlichen Auswirkungen'. Dies bedeutet, daß gleichermaßen die Kollektivierung und ihre Implikationen im agraren Sektor, die Industrialisierung als wichtigste Maßnahme zur Steigerung des wirtschaftlichen Wachstums und die Verstädterung als Ergebnis weltweiter demographischer und kultureller Wandlungen besonders hervortreten. Ihnen lassen sich Standortanalysen und — ansatzweise — sozialökologische Fragestellungen zuordnen. Dieses Forschungsfeld sei durch ein stark vereinfachtes Schema (Abb. 1), das Teildisziplinen, Forschungsfelder und Forschungsansätze umfaßt, zweidimensional dargestellt. Als dritte Dimension tritt die historische hinzu, die teils als eigenständige Forschungsrichtung (besonders in der historisch-genetischen Siedlungsforschung und in der Historischen Geographie), teils als partieller Erklärungsansatz für aktuelle Raum- und Gefügemuster entwickelt ist. Schließlich muß die Physische Geographie in das Bezugsfeld der hier diskutierten Arbeiten einbezogen werden. 'Natürliches Potential' (auch negativ als 'natürliche Restriktion' zu verstehen), 'Ressource' und 'Umwelt' charakterisieren begrifflich die Mensch-Gesellschaft-Umwelt-Relation, die sich einer ökologischen Fragestellung zu erschließen hat; 'Umgestaltung der Natur' ist der raumbezogene Planungsansatz, der seit der Stalinzeit als konkretes Ziel auch das geographische Interesse anspricht. Rein naturwissenschaftliche Arbeiten treten den genannten Ansätzen gegenüber

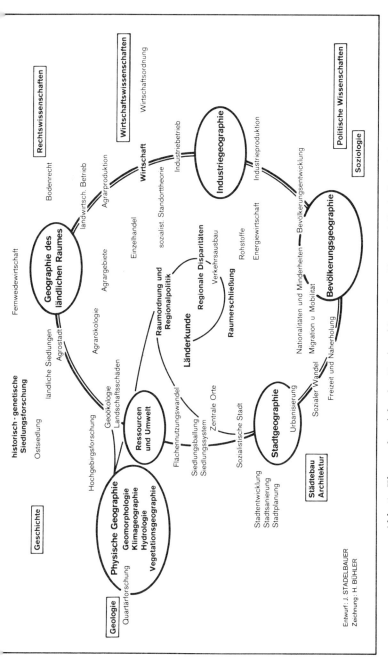

Abb. 1: *Themenbereiche der Regionalforschung über sozialistische Länder*

deutlich zurück und werden auch nur randlich Berücksichtigung finden können.

Im folgenden sollen die wichtigsten Ansatzpunkte für regionalgeographische Arbeiten in sozialistischen Ländern etwas detaillierter vorgestellt werden.[1]

2.1. Geographie des ländlichen Raumes: agrarstruktureller Wandel und agrarräumliche Analyse

Mit einem Blick auf den ländlichen Raum zu beginnen, rechtfertigt sich insofern, als hier enge Anknüpfungspunkte zu geographischen Arbeiten bestehen, die bereits vor dem Berichtszeitraum abgeschlossen und veröffentlicht wurden. Methodisch legte der Systemvergleich nahe, die Auswirkungen der Kollektivierung den Entwicklungen entgegenzustellen, die um dieselbe Zeit mit sozialgeographischen Indikatoren (Sozialbrache, Nutzungswandel, siedlungsstrukturelle Veränderungen) in den westlichen Verbreitungsgebieten des bäuerlichen Familienbetriebes untersucht wurden. Dabei kann in den sozialistischen Ländern der komplexe Ansatz einer „Geographie des ländlichen Raumes" besonders sinnvoll angewandt werden, weil zwischen den Wandlungen der Agrarstruktur, der landwirtschaftlichen Produktionsentwicklung und der Umgestaltung des ländlichen Siedlungswesens ein enger Zusammenhang besteht, wenn auch die einzelnen Teilprozesse zeitlich etwa gegeneinander versetzt beginnen.

Wegen der Andersartigkeit zum westeuropäischen Familienbetrieb hat die *Kollektivierung* in der Landwirtschaft besonde-

1 Abbildung 1 soll nicht als — vergeblicher — Versuch, ein neues „System der Geographie" zu entwerfen, angesehen werden. Vielmehr dient die Graphik, im Uhrzeigersinn gelesen, gewissermaßen als Wegweiser durch die folgenden Kapitel. Es wird darauf verzichtet, die im Text angesprochenen einzelnen Teilthemen und die zwischen ihnen bestehenden Verflechtungen darzustellen.

8

res Interesse auf sich gezogen, wobei die Sowjetunion als Innovationszentrum im Vordergrund steht. Ging es vor dem Berichtszeitraum überwiegend um eine typologische Erfassung der neuen Betriebsformen (vgl. KARGER 1960) und um eine vertiefte Deutung des historischen Hintergrundes der Entstehung (D. BRONGER 1967), so standen in den 70er Jahren eine regional verfeinerte Analyse der Betriebsformen nach Entstehung, Entwicklung, Bezug zum Betriebstyp und zur Produktionsstruktur sowie räumliche Implikationen im Vordergrund. Die auf der Dreigliederung von staatlichem, kollektivem und privatem Betrieb und Verfügungsrecht beruhende Neuordnung ist eingehend für Mittelasien herausgearbeitet worden (GIESE 1973). Die mit der Kollektivierung in einem Zusammenhang stehende Betriebskonzentration in Großkolchozen und aus Kolchozen hervorgegangene Staatsgüter erwies sich bisweilen als überzogen und wurde Ende der 60er Jahre teilweise rückgängig gemacht (GIESE 1974). Sowohl die Kollektivierung wie die Sovchozierung und die in der agrarökonomischen Anpassung erfolgende Betriebsverkleinerung brachten jeweils neue Raummuster der Agrarlandschaft hervor.

Besonderes Interesse gewann — und dabei spielten gegenideologische Überlegungen sicher auch eine Rolle — die Stellung der *Privatwirtschaft* als heute generell gebilligtem, zeitweilig sogar staatlich gefördertem Glied der Betriebssystematik. Während die Bedeutung der sowjetischen Privatproduzenten ihre gründlichste Bearbeitung außerhalb unserer Disziplin durch den Gießener Agrarökonomen WÄDEKIN (1967, überarb. engl. Ausgabe 1973, vgl. auch WÄDEKIN und ANTAL 1978) erfuhr, aber auch in regionalen Detailstudien behandelt wurde (GIESE 1970 zu Mittelasien; STADELBAUER 1983, S. 118 ff. zu Transkaukasien; Überblick von GIESE 1983), sind die ostmitteleuropäischen Privatwirtschaften vergleichend dargestellt worden (ECKART 1979). Daran knüpfen auch einige Fallstudien zur privaten Vermarktung auf Kolchozmärkten an (GIESE 1970, S. 194 ff.; GORMSEN u. HARRISS 1976;

GORMSEN, HARRISS u. HEINRITZ 1977; STADELBAUER 1976, S. 271 ff.). In allen genannten Untersuchungen erweist sich, daß der Privatsektor einen erheblichen Beitrag zur Nahrungsgüterversorgung mit Frischware zu leisten hat und daher auch als nicht systemkonformes Element der Wirtschaftsverfassung (F. HAFFNER 1978, S. 162 ff.) unverzichtbar ist. Doch nicht nur in der Wirtschaftspolitik setzt sich daher eine pragmatische Haltung gegenüber den Privatmärkten durch. Auch in der Standortverteilung des Einzelhandels zeichnet sich eine gegenseitige räumliche Durchdringung von Staats-, Genossenschafts- und Privathandel ab, wie sich an Beispielen aus den Südgebieten der Sowjetunion belegen läßt.

Auch in einer Untersuchung, die sich um eine kleinräumige Differenzierung für Ostmitteleuropa bemüht, steht die Gliederung nach den drei Sektoren 'staatlich − genossenschaftlich − privat' im Vordergrund (ECKART 1982). Die Weiterentwicklung der sowjetischen Betriebssystematik − von KERBLAY (1975) in einer Rezension der Habilitationsschrift von GIESE (1973) angemerkt − wurde zunächst am Beispiel der DDR (ECKART 1977), dann auch für die Sowjetunion herausgearbeitet (STADELBAUER 1979, 1979a, 1983). Diese Neuerung, dem amerikanischen und westeuropäischen *Agribusiness* entsprechend, war von Bulgarien ausgegangen (WÄDEKIN 1977), scheint jetzt aber in der Sowjetunion vor allem zu einer Verwaltungsneugliederung des Agrarwesens zu führen und ist in der DDR mittlerweile bereits in Mißkredit geraten (vgl. zur DDR auch MERKEL und IMMLER, Hrsg., 1972).

In den Rahmen des Agribusiness gehören auch industrielle Nebenbereiche außerhalb der landwirtschaftlichen Großbetriebe; dieser außer in der Sowjetunion (STADELBAUER 1983, S. 226 ff.) auch in anderen sozialistischen Staaten weitverbreiteten Erscheinung, die vielfach auf Zulieferproblemen beruht, aber auch der Arbeitsauslastung und der Verarbeitung landwirtschaftlicher Produkte dient, widmet sich eine kleine Studie zu Ungarn (ENYEDI 1981).

10

Nicht alle sozialistischen Staaten haben genau das sowjetische Modell mit den betrieblichen Grundformen Kolchoz, Sovchoz und persönliche Nebenerwerbswirtschaft übernommen. Polen wandte sich bekanntlich schon 1956 weitgehend davon ab (EHM 1983). Die aus der Wiederbelebung privater Bauernwirtschaften, überkommener Besitzzersplitterung und teilweise sogar wohl der Realteilungssitte sich ergebenden Raummuster und Entwicklungsprobleme wurden für den ostpolnischen Peripherraum um Białystok in ihren historischen Wurzeln und ihrer aktuellen Problematik verfolgt (WÖHLKE 1966, 1970). Die Reise- und Forschungsmöglichkeiten der 70er Jahre und der Zugang zu polnischen Veröffentlichungen erlaubten einen Gesamtüberblick für das ganze Land (BUCHHOFER 1981, S. 48 ff.; vgl. auch ECKART 1981a). Es darf allerdings auch nicht übersehen werden, daß gerade in Polen eine kleinräumige Differenzierung der Entwicklung der ländlichen Siedlungen besteht, die von Besitzverhältnissen, Wirtschaftsorganisation und demographischen Entwicklungen abhängt; Entvölkerung durch Landflucht in einigen benachteiligten Gebieten stehen Konzentrationsbewegungen in besser entwickelten Regionen gegenüber. Daraus ergeben sich auch kleinräumig unterschiedliche Muster der ländlichen Siedlungen (KIEŁCZEWSKA-ZALESKA 1979, 1979a). In Jugoslawien wurde die nach der Bodenreform eingeleitete Kollektivierung bereits 1953 rückgängig gemacht; mit landwirtschaftlichen Genossenschaften, (staatlich geleiteten) Gütern und einem ausgeprägten Kleinbauerntum existieren seither unterschiedliche sozioökonomische Betriebsformen nebeneinander (FRANK 1977).

In der Mongolischen Volksrepublik liefen die Kollektivierung und das Seßhaftmachen der Araten weitgehend parallel. Nachdem ein erster Versuch (1930-1932) am Widerstand der Bevölkerung und an einer drastischen Verringerung der Viehbestände gescheitert war, führte die Umorganisation, die nach 1954 Siedlungs-, Wirtschafts- und Verwaltungseinheiten weitgehend gleichschaltete, zu einer Vollkollektivierung, die jedoch die kleinsten Wirtschaftseinheiten (*sur,* oft nur 1-2 Familien mit Jurtensiedlung und zugewiesener Weidefläche) besonders fördert (KREUER 1982).

Die Veränderungen des *chinesischen Agrarsystems* wurden zwar schon in der klassischen länderkundlichen Darstellung von KOLB (1963, S. 130 ff.) angesprochen, konnten aber erst in den 70er Jahren exakter erfaßt werden, nachdem zur Auswertung von Sekundärquellen auch die Anschauung an Ort und Stelle als methodischer Zugang getreten war. Neben der idealtypischen Systematisierung (DÜRR 1978, S. 94 ff.; im Vergleich zur sowjetischen Kollektivierung ROCHLIN und HAGEMANN 1971) spielten einzelne Betriebsbeschreibungen (HUMLUM 1977; BUCHANAN in CHEN 1977, S. 175 ff.; *Brüche im Chinabild*, 1979, S. 48 ff.) und eine Auseinandersetzung mit der lange Zeit als Vorbild geltenden Brigade Dazhai (JÄTZOLD und WEICHERT 1978; DÜRR 1978, S. 131 ff.; WIDMER 1981a) die Hauptrolle; exkursionsmäßig organisierte Reisen erlaubten eine so umfassende Beschäftigung, daß auch rasch eine Aufbereitung für die Schulgeographie möglich wurde (*Brüche im Chinabild*, 1979; WIDMER 1981; ENGEL 1981; KAMINSKE 1979). Es blieb auch nicht unberücksichtigt, daß die Entstehung und Weiterentwicklung ländlicher Kommunen in einen größeren Umkreis von Veränderungen im ländlichen Raum gehört, der gleichermaßen die Mechanisierung, die Produktivitätssteigerung, das Sozialgefüge, die Siedlungsgestaltung und den Güteraustausch zwischen Stadt und Land erfaßt (WEITZ 1980).

Grundlegende Arbeiten, die die Folgen der Kollektivierung für das *ländliche Siedlungswesen* herausstellten, erschienen bereits vor der Berichtszeit (MECKELEIN 1964; SCHRÖDER 1964). Dazu anknüpfende Untersuchungen stellten vor allem den Zusammenhang mit den landwirtschaftlichen Betriebsformen heraus, bemühten sich aber auch um eine rückwärtsblickende, historische Vertiefung (WÖHLKE 1970; HAHN 1970; GIESE 1973, 1974). Während in dieser Gruppe von Arbeiten noch die jetzt schon traditionellen sozialistischen Betriebsformen Staatsgut, Kollektivbetrieb und individueller Nebenerwerbsbetrieb — wie immer sie in den einzelnen Staaten genannt sein mögen — im Vordergrund standen, ist erst im Lauf der 70er Jahre auch die Ausbreitung kooperativer und integrativer Betriebsformen in den Auswirkungen auf das Siedlungssystem gewürdigt worden (WERSCHNITZKY und MÄHLMANN 1973 für Rumänien; LENZ 1974 und ECKART 1977 für die DDR, STADELBAUER 1979a für die Sowjetunion).

Die Unzugänglichkeit neuer Katasterpläne bewirkt, daß die Zahl von Fallstudien zu den siedlungsgeographischen Wandlungen gering blieb und sich in der Regel auf die unveränderte Wiedergabe zufälliger Veröffentlichungen von Plänen in der osteuropäischen und sowjetischen Fachliteratur stützen muß. Immerhin sind in Arbeiten zur DDR (ECKART 1977, 1981), zu Polen (BUCHHOFER 1981, S. 52, 72) zur ČSSR (SPERLING 1981, S. 226 f.), zu Rumänien (SICK 1968) und zur Sowjetunion (HAHN 1970, GIESE 1973, STADELBAUER 1983) einzelne Beispiele enthalten. Andere Veröffentlichungen müssen sich auf eine Beschreibung beschränken (KNÜBEL 1968 zu Bulgarien).

Aus diesen Untersuchungen ergibt sich, daß Kollektivierung und Sovchozierung mit zeitlicher Verzögerung das Siedlungsmuster weitgehend umzugestalten begonnen haben. Aber zusätzlicher Investitionsaufwand für neue Siedlungen (verbunden mit der geplanten Wüstung bestehender Kleinsiedlungen), die Fragwürdigkeit einer überspannten betrieblichen Konzentration und das Beharrungsverhalten der ländlichen Bevölkerung erlaubten es nicht, diesen ideologisch mit der Aufhebung von Stadt-Land-Gegensätzen begründeten Prozeß vollständig zu verwirklichen: Wie Anfang der 50er Jahre das Leitbild 'Agrostadt' bald wieder aufgegeben werden mußte (JAEHNIG 1983), so wurden Betriebszusammenlegungen teilweise rückgängig gemacht (GIESE 1974) und nur wenige Mustersiedlungen neuen Typs tatsächlich verwirklicht. Idealtypisch ist

der Entwicklungsprozeß für den europäischen Teil der Sowjetunion nachgezeichnet worden (ROSTANKOWSKI 1982a, besonders S. 31 ff.). Trotz dieser Veränderungen der Ortschaften
haben sich aber auch traditionelle Fluraufteilungen wenigstens
relikthaft erhalten (ROTHER 1981 für die Mittelgebirge im
Süden der DDR, STADELBAUER [1983, S. 179 ff.] für Transkaukasien).

Die *Agrargebiete* und die *Agrarproduktion* haben vor allem
dort eine geographische Deutung erfahren, wo es darum ging,
die geringe Leistungsfähigkeit, die sich in niedrigen Erträgen
äußert, zu erklären, oder wo Ansätze, traditionelle Entwicklungsprobleme zu überwinden, zu würdigen waren. Unter diesem Aspekt ist für die Sowjetunion die früher von GEIPEL
(1964) vorgenommene Evaluierung der Neulandaktion aufgegriffen worden. Da dieses Thema bis heute eine große Rolle für
den Schulunterricht spielt, wenn es darum geht, das Wirtschaf-
ten an der Trockengrenze aufzuzeigen, sind jüngere Interpretationen mehrfach im Hinblick auf den Schulunterricht vorgenommen worden (WEIN 1980, 1980a). Daß das Neulandprogramm in eine Kette von räumlichen aber auch agrarwissen-
schaftlichen Schwerpunktveränderungen in der Nachkriegszeit
einzuordnen ist und in eine Reihe von agrarischen Raument-
wicklungsprogrammen gehört, unter denen heute die Meliora-
tion der nordrussischen Nichtschwarzerdezone am wichtigsten
ist, hat ROSTANKOWSKI (1979, vgl. ders., 1980) gezeigt.
Neben den nordkazachischen und südwestsibirischen Neulandgebieten, die immer im Vordergrund der Betrachtung standen,
hatte das Neulandprogramm auch Auswirkungen auf kleine
südsibirische Steppenräume (WEIN 1981). Außerdem wurde es
unter Mitwirkung sowjetischer Fachleute mit einigen Jahren
Verzögerung in der Mongolischen VR aufgegriffen (STADEL-
BAUER 1984). Die Einzelstudien belegen, daß zwar eine
räumliche Ausweitung der landwirtschaftlichen Nutzfläche erfolgte, daß aber die Produktivität wegen der marginalen agro-
klimatischen Situation und wegen organisatorischer Mängel in

der Sowjetwirtschaft im Durchschnitt nicht erhöht wurde. Dies gilt auch für die subpolaren Räume Nordeurasiens (RO-STANKOWSKI 1981 und 1983). Eine Ausweitung und Produktionssteigerung ist nicht zu erwarten. Vielmehr hat die Marginalisierung des Anbaus an der Trocken- und an der Polargrenze dazu beigetragen, den Bedarf an Importgetreide zu steigern.

Sicher spielen in dieser Entwicklung neben agrarökonomischen Gründen (dazu WÄDEKIN 1983 und *Thesen zu den Ursachen der jüngsten Stagnation in der Pflanzenproduktion der UdSSR* 1983) auch Vorgänge einer räumlichen Verdrängung gesamtvolkswirtschaftlich geringer bewerteter Feldfrüchte auf Randlagen eine Rolle. Tatsächlich wurden subtropische Kulturen in Mittelasien und Kaukasien erheblich ausgeweitet: Baumwolle in den Bewässerungsgebieten und Dauerkulturen in den feuchten und halbfeuchten Subtropen verdrängten den Getreideanbau (GIESE 1968, 1970a, 1973; STADELBAUER 1973, 1983a). Zeitweilig wurde — aus Versorgungsgründen mit dem politischen Hintergrund der Abkehr von der VR China — in der Sowjetunion der Reisanbau gezielt gefördert (STADEL-BAUER 1975). Dabei soll nicht übersehen werden, daß sich die Sowjetunion um eine flächenhafte Ausweitung des Bewässerungsfeldbaus bemühte und dabei auch zunehmend moderne Bewässerungs- und Beregnungstechniken anwendet (ZABEL 1978). Allerdings führte bisweilen unzureichende Drainage dazu, daß die Bewässerungsflächen über Gebühr und mit hohem Erschließungsaufwand ausgeweitet werden mußten.

Die geographische Interpretation des sowjetischen *Getreidedefizits* greift die flächenhafte Extensivierung, Veränderungen der Anbaurotation, die Investitionsmöglichkeiten in der Landwirtschaft und die Ernährungswirtschaft auf (KARGER 1976; WEIN 1983). Damit lassen sich Analysen, die vom sektoralen Wirtschaftswachstum ausgehen (WAGENER 1974/75) oder den agrarpolitischen Hintergrund aufzeigen (JAEHNE Hrsg., 1980 und 1981; vgl. *Sowjet-Landwirtschaft heute*, 1976;

MÁRTON 1982; WÄDEKIN Hrsg., 1982) durch die räumliche Komponente erweitern. Hier besteht ein wichtiger Verknüpfungspunkt mit physiogeographischen Studien, denn die Erklärung des sowjetischen Getreidedefizits muß sicher die landschaftszonalen, vor allem die klimatologischen Eigenheiten der traditionellen Anbaugebiete und der neueren Erschließungsräume berücksichtigen. Eine klimatologische Dissertation aus Freiburg (BULLER 1982) analysiert Dürre und Frost als restriktive Klimafaktoren für die sowjetischen Weizenanbaugebiete im Vergleich zu jenen der USA. Dabei zeigen sich vor allem die Sommerweizengebiete der Sowjetunion besonders stark von relativ häufigen, teilweise langandauernden Dürreperioden beeinträchtigt, die in die Zeit des größten Wasserbedarfs der Kulturvegetation fallen; ein zweiter wesentlicher Faktor sind Winter- und Frühjahrsfröste, die um so ungünstigere Auswirkungen haben, je geringer die Schneefälle sind; die Wirkung von Frühfrösten auf die Getreideerträge ist dagegen gering. Auch die Rezeption klimatologischer und agrarmeteorologischer Ansätze der sowjetischen Forschung durch die westliche Regionalanalyse verfolgt in der Regel die Frage nach der Anwendbarkeit für die Interpretation des agrarischen Potentials (vgl. GIESE 1969; 1970a; 1973, S. 20 ff.; 1981 für Mittelasien). Ein angewandt ökologischer Ansatz liegt auch der Auswertung von Landsat-Bildern zugrunde, mit der der agrarischen Raumerschließung in Sibirien nachgegangen wurde (WEIN 1981).

Sicher kann gesagt werden, daß die Betriebsformen und Betriebstypen der kollektiven Landwirtschaft sich heute mehr als in der ersten Zeit nach ihrer Einführung nach den naturräumlichen Rahmenbedingungen ausrichten; eine konfliktfreie Landbewirtschaftung besteht allerdings nicht, da jeweils bestimmte gesamtstaatliche Interessen eine höhere Priorität als regionale Erfordernisse genießen. Die geographische Regionalforschung hat bei der Erklärung der landwirtschaftlichen Strukturformen ihren bedeutendsten Beitrag wahrscheinlich durch die Kombination physiogeographischer, kulturgeschichtlicher und ökono-

16

mischer Faktoren zu einem komplexen Erklärungsgeflecht geleistet.

Zu den Wandlungen des Agrarraumes der kontinentalen Trockensteppen- und Halbwüstengebiete gehört die *Seßhaftwerdung von Nomaden*. Zwar hatte dieser Prozeß bereits im letzten Jahrhundert eingesetzt, und er war unter dem Druck einer von Russen initiierten Kolonisation in Mittelasien und Kazachstan fortgesetzt worden; doch erst in sowjetischer Zeit wurde — aus Gründen der besseren Kontrollierbarkeit — die Seßhaftigkeit vollständig durchgesetzt. Ähnlich wie bei der Wiederaufteilung zu großer Kollektivbetriebe erwies sich jedoch auch die Nichtbeachtung der Anpassung, in welcher sich die nomadische Lebensform an die kargen Wirtschaftsbedingungen und die verletzlichen Ökosysteme ihrer Umwelt befand, als Fehler. Daß bei der Kollektivierung die Viehherden dem Eigentumsrecht der nomadischen oder halbnomadischen Bevölkerung entzogen werden sollten, traf einen Lebensnerv dieses Sozialgefüges. Im Nachhinein mußte sich die kollektivwirtschaftliche Wanderweidewirtschaft anpassen. Die räumlichen Verflechtungsmuster lehnen sich daher eng an den traditionellen Verbund von Sommer- und Winterweidegebieten an, die wandernde Kleingruppe bestimmt das Sozialgefüge, und auch die angepaßte Siedlungsweise und Siedlungsform besteht fort. Nachdem schon vor dem Berichtszeitraum der historische Zusammenhang am Beispiel des nordöstlichen Kaukasusvorlandes und Nordwest-Kazachstans herausgestellt wurde (MECKELEIN 1951/52; KARGER 1965), wurden in neueren Untersuchungen zu Kazachstan und zur Mongolischen VR die agrarwirtschaftlichen Implikationen hervorgehoben, so der Übergang zur Stallviehhaltung bei der Rinderzucht, die Reduktion von Fernwanderungen auf die Kleinviehhaltung, der innerbetriebliche Futter- und Arbeitsausgleich, die gegenseitige Anpassung von Futterkapazität, Weidelandbelastbarkeit und Spezialisierung sowie die Ansätze zu einer quasi-industriellen Produktion (GIESE 1970a; 1973, S. 51 ff.; 1976; 1982 mit einer vergleichsweise positiven Beurteilung der Entwicklung; 1983a; KREUER 1982, THIELE 1982). Es darf allerdings nicht übersehen werden, daß im Rahmen kleinerer ethnischer Gruppen, vor allem in Kaukasien, die alten räumlichen Verflechtungen durchaus noch lebendig geblieben sind (STADELBAUER 1980a).

Gerade die Arbeiten zum Nomadismusproblem betonen die Vergleichbarkeit mit analogen Entwicklungen in westlich beeinflußten Staaten: Der Rückgang des Nomadismus ist ein allgemein gültiger Prozeß des Kulturwandels und der politischen Integration; in den sozialistischen Staaten erhält er durch die administrative Veränderung der Wirtschaftsorganisation eine zusätzliche Komponente.

Ähnlich verläuft auch die Entwicklung von *Almwirtschaft und Transhumance* als den beiden anderen Grundtypen der Fernweidewirtschaft. In Südosteuropa hatte die Seßhaftwerdung in vergangenen Jahrhunderten zur Herausbildung von Nationalstaaten geführt; welche Veränderungen das sozialistische Wirtschaftssystem bewirkte, konnte in älteren Veröffentlichungen nur angedeutet werden (BEUERMANN 1967; ROGLIĆ 1970; TRIFUNOSKI 1971; SCHNEIDER 1973). Da auch die almgeographische Untersuchung Sloweniens (VOJVODA 1969 mit einer generalisierenden Interpretation von RUPPERT 1969) fast anderthalb Jahrzehnte zurückliegt, wäre eine zusammenfassende Darstellung sicher wünschenswert (vgl. zur Niederen Tatra auch SPERLING 1976). Schon für Slowenien hatten sich Parallelen zu den mitteleuropäischen Alpen gezeigt: Ein genereller Rückgang der Almwirtschaft und eine zunehmende Überformung durch Tourismus und Zweitwohnsitze sind ein allgemeines Phänomen. Regionale Besonderheit ist die Verstaatlichung älterer Gemeinschaftsweiden, wo Viehhaltung in Großbetrieben möglich ist, während die kleinen Privatalmen unter den Schwierigkeiten fehlender staatlicher Unterstützung leiden. Ob die 1969 noch feststellbare Persistenz der tradierten Bewirtschaftungsformen auch heute besteht, und in welcher

18

Weise die Formen der Fernweidewirtschaft in die sozialisierte Agrarwirtschaft integriert wurden, sind weitgehend offene Fragen.

Die Intensivierung der Viehhaltung ist von geographischer Seite noch wenig beachtet worden, obwohl das Ernährungsdefizit an tierischem Eiweiß zu den Hauptproblemen in allen sozialistischen Ländern gehört. Eine kleinere Studie widmet sich den Ländern Ostmitteleuropas (ECKART 1982a); zahlreiche Bände der „Gießener Abhandlungen zur Agrar- und Wirtschaftsforschung des europäischen Ostens" sind einer umfassenden Bestandsaufnahme zur Schlachttier- und Fleischproduktion in Osteuropa gewidmet und dokumentieren damit ein komplexes Forschungsprogramm aus agrarwissenschaftlicher Sicht (Einzelnachweise bei WÄDEKIN 1980, S. 845; vgl. ders., Hrsg., 1982).

Agrargeographische Gesamtdarstellungen sind bisher meist nur für kleinere Teilräume (GIESE 1968; 1970a; DEGENHARDT 1973; MANSKE 1973; STADELBAUER 1983a; DEGENHARDT und BECKER 1977) und im Hinblick auf schulgeographische Belange (WEIN 1980) oder als überwiegend statistisch-kartographische Bestandsaufnahme (ECKART 1982 für Polen, ČSSR, Ungarn und Rumänien; zur UdSSR vgl. die knappe Einführung von SUNIZA 1981) vorgelegt worden. In Einzelfällen haben auch Geographen aus der DDR oder den betreffenden Ländern kurze Abrisse in westlichen Fachzeitschriften veröffentlicht. Besonders wertvoll ist in dieser Beziehung immer noch die Bestandsaufnahme der Agrarwirtschaft der Mongolischen VR, die BARTHEL auf dem Kölner Geographentag 1961 vortrug (BARTHEL 1962) oder die kurze Charakteristik der ungarischen Landwirtschaft durch ENYEDI (1978, vgl. auch BERÉNYI 1973; mit Hinweisen zur Agrarsozialstruktur KLOCKE 1983). Bedeutungsverlust des agrarischen Wirtschaftssektors trotz Produktivitätsgewinn durch Intensivierung, eigentumsrechtlich begründeter Wandel der Betriebsformen, Modernisierungsmaßnahmen in agrotechnischer

Hinsicht und eine regionale Aufgabenteilung, die sich um eine weitgehende Anpassung an die natürlichen Wuchsbedingungen und Ansprüche der einzelnen Nutzungsformen bemüht, sind die wichtigsten Aspekte, die als Einheit der agrargeographischen Analyse gesehen werden müssen.

Insgesamt zeichnet sich in den agrargeographischen Arbeiten eine Gewichtsverschiebung von der Darstellung des betriebsstrukturellen Wandels (Kollektivierung, Sovchozierung, Kooperation und Integration) zu Fragen der agrarräumlichen Bewertung und damit der regionalen Produktivität ab. Die räumlichen Auswirkungen der Betriebsorganisation bleiben aber − gerade im Vergleich zum westlichen „Familienbetrieb", der ebenfalls zu Konzentration, Kooperation und Integration neigt − ein wichtiger Gegenstand für die Analyse von Verflechtungsmustern. Damit lassen sich drei Hauptansätze der agrargeographischen Regionalforschung über die sozialistischen Länder herausschälen:

− die standortanalytische Untersuchung der Betriebe und Betriebszusammenschlüsse (vor dem Hintergrund agrarpolitischer Entscheidungen);
− die ökologische Analyse, die aus dem Zusammenwirken von naturgeographischen und wirtschaftlichen Faktoren die Produktivität zu bestimmen bemüht ist;
− die genetische Analyse, die vom Siedlungsbild ausgeht und betriebsgebundene Wandlungen als jüngste Schicht der Siedlungsentwicklung zu erfassen bemüht ist.

2.2. Industriegeographie: Zielkonflikte zwischen wachstumsorientierter Standorttradierung und auf einen Entwicklungsausgleich abzielender Dispersion

Die industriegeographische Arbeit in den sozialistischen Ländern setzt mit *standort*analytischen Fragestellungen ein, die eine geographische Interpretation der Wirtschaftsordnung fordern. Die ökonomisierende Betrachtungsweise, die generell die neueren wirtschaftsgeographischen Untersuchungen bestimmt, hebt auch die industriegeographischen Arbeiten über sozialistische Länder von den in den 60er und zu Beginn der 70er Jahre weit verbreiteten Ansätzen 'Industrielandschaft' oder 'industriewirtschaftliche Formation' ab (vgl. dazu E. BUCHHOFER 1976, S. 1 ff.). Der ökonomisierende Ansatz ist wegen der Andersartigkeit der Wirtschaftsordnung einsichtig (Hinweise auf spezifische Eigenarten der Zentralverwaltungswirtschaft bei BUCHHOFER 1976, S. 87 ff.; speziell zur Standortbestimmung ders., 1972). Die für westliche Systeme charakteristische Diskrepanz zwischen mikroökonomischem Rationalverhalten und makroökonomischem Interessenausgleich zur Minimierung sozialer Kosten scheint aufgehoben zu sein und könnte damit regionalpolitische Ansätze besonders effizient werden lassen. Die bisherigen Untersuchungen für einzelne nationale Wirtschaftssysteme bzw. deren regionale Ausprägungen sprechen allerdings nicht für einen solchen Ausgleich. Noch deutlicher als im landwirtschaftlichen Sektor konnte der Zielkonflikt zwischen räumlicher Streuung von Industrieansiedlung einerseits (als raumordnerische Maßnahme zum Abbau regionaler Ungleichgewichte zu verstehen) und der Forderung nach maximalem Wirtschaftswachstum (die eine starke Agglomeration der industriellen Betätigung vorsieht) herausgearbeitet werden. BUCHHOFER (1976) sieht die Tendenz zur überregionalen Deglomeration in Polen vor allem bis 1956 dominant vertreten, kann sie aber auch in der weiteren Entwicklung verfolgen, so daß sich als Ergebnis der gesamtwirtschaftlichen Entwicklung von Polen zwischen 1946 und 1975 tatsächlich eine leichte nordöstliche Verlagerung des Industrieschwerpunktes zeigt (BUCHHOFER 1981, S. 96; vgl. FÖRSTER 1974); sie ist allerdings geringer, als es einem Abbau regionaler Disparitäten entsprechen müßte und beruht auf dem Ausbau anderer bereits bestehender Industrieagglomerationen (Łódź, Warschau). Die Diskussion über Wirtschaftsrefor-

men seit den 60er Jahren begünstigte die Abkehr von partei-
politisch motivierten Standortentscheidungen zugunsten
wachstumsorientierter Allokationen, bei denen der regionale
Ausgleich zurücktritt. Zumindest die größeren Industriegebiete
erweisen sich als stabil und persistent (BUCHHOFER 1974,
1975 zu Oberschlesien).

Damit wird man von einer theoretischen Standortanalyse
wieder auf die *historische Standortentwicklung* verwiesen (vgl.
ZORN 1972). Die Industrie in den sozialistischen Ländern hat
teilweise auf überkommene Standorte und Kapazitäten zurückgegriffen, doch setzt der Übergang von agrarischer zu industri-
ell-urbaner Prägung auch einen weiteren Ausbau der Industrie
voraus. So stehen Untersuchungen zum Ausbau und zur Fort-
entwicklung an überkommenen Standorten neben solchen über
industrielle Neuanlagen. Dabei ist zu berücksichtigen, daß die
Ausgangsbedingungen für die Industrieentwicklung in der
Nachkriegszeit fast durchweg ungünstiger als im westlichen Europa waren, da die Produktionskapazität nach den Demonta-
gen und dem Abzug von Fachkräften außerordentlich geschwächt war. Diesen Faktor hatten auch Bestandsaufnahmen
für den sekundären Sektor zu berücksichtigen, wie sie am um-
fangreichsten von BUCHHOFER (1975) für Oberschlesien vorgelegt wurde. Daraus wird zweierlei deutlich:

— Für die Industrialisierung spielen — da es sich noch um
eine Aufbauleistung handelt — neben den überkommenen
Strukturen Rohstoffe, vor allem Bodenschätze eine ausschlag-
gebende Rolle; wo Rohstoffe zu erschließen waren, wurden
auch neue Industriezentren geschaffen (vgl. LIJEWSKI 1979
für Polen; LIEBMANN 1981 für den Osten der Sowjetunion).

— Die Industrialisierung hatte den stärksten regionalen Ent-
wicklungseffekt. Dies ergibt sich nicht nur aus der hervorragen-
den Stellung des Industriearbeitertums in den ideologischen
Grundlagen des Marxismus, sondern auch aus der Tatsache,
daß die sozialistischen Staaten die sogenannte ökonomische
Transformation, d.h. den Übergang von der vorherrschenden

Tätigkeit im primären Sektor (vorindustrielle Phase) über die Dominanz der industriellen Betätigung (hochindustrielle Phase) zur überwiegenden Beschäftigung im tertiären Sektor (postindustrielle Phase), noch nicht vollständig durchlaufen haben. Daß die Ideologie den tertiären Sektor als unproduktiv ansah, führte auch zu dessen langandauernder Vernachlässigung — und dies gilt für die Praxis des Wirtschaftsaufbaus ebenso wie für die Forschung. Kürzere Abrisse nationaler Industrialisierungsbemühungen (vgl. z.B. REITH 1970 für Ungarn; PENKOV 1973 für Bulgarien; KREUER 1971 für die Mongolische Volksrepublik) heben gerade die Veränderungen der räumlichen Verteilungsmuster und daraus ableitbare Entwicklungsprozesse hervor.

Der Überblick von BUCHHOFER (1975) deutete bereits den Primat der Metallurgie an; dem entspricht die regionalgeographische Untersuchung der Eisen- und Stahlindustrie in Polen (BUCHHOFER 1973, 1973a, 1974, 1979; PAWLITTA 1979); dort mußten zunächst Kriegsschäden und Demontageverluste überwunden werden, ehe parallel zueinander das Oberschlesische Industrierevier und neue Standorte im Südosten des Landes (besonders Krakau) ausgebaut werden konnten. Allerdings konnten neue wirtschaftliche Verfahren der Stahlgewinnung (LD-Verfahren) erst verspätet eingeführt werden, wodurch die Konkurrenzfähigkeit auf dem Weltmarkt eingeschränkt ist. Vorrangiges Ziel ist die Selbstversorgung Polens. Wirtschaftlichkeit soll durch das LD-Verfahren und die Ausnutzung der Vorteile des überkommenen Standortes erreicht werden.

Der Standortentwicklung durch Dispersion und geplante Deglomeration geht BORAI (1979) am Beispiel Ungarns nach; dabei werden die Industriestädte nach Entwicklungskriterien typisiert und somit ein enger Bezug zwischen Industrialisierungs- und Verstädterungstendenzen aufgezeigt. Diesem Themenbereich ist ein ganzer Sammelband gewidmet, in dem das Institut für Wirtschaftsgeographie der Universität München gemeinsam mit der Südosteuropa-Gesellschaft kürzere Studien zu Industrialisierung und Urbanisierung in Bulgarien, Jugoslawien und Ungarn rezipiert (*Industrialisierung und Urbanisierung in sozialistischen Ländern Südosteuropas,* 1981). Die Konsumgüterindustrie Rumäniens behandelt eine Wiener Dissertation (WILHELM 1978).

Wie in der Landwirtschaft ist auch in der Industrie eine eigenständige Entwicklung der *Betriebsorganisation* zu verfolgen. Dem landwirtschaftlichen Großbetrieb entspricht das Industriekombinat, das mehrere Glieder einer Produktionskette an einem Standort (oder auch aufgeteilt auf mehrere Standorte) zusammenfaßt. Dieses in der Sowjetunion entwickelte Modell wurde vor allem auf die Schwermetallurgiewerke des östlichen Mitteleuropa übertragen. In der VR China sind Industrieparks entstanden, in denen ebenfalls ganze Produktionsketten, hier allerdings mit eigenständigen, nur durch Lieferbeziehungen verflochtenen Werken, standörtlich zusammengefaßt wurden, um die Mängel einer unkoordinierten Standortverteilung zu überwinden (LU und KOLB 1982). Zur organisierten Seite des Betriebes gesellt sich als differenzierendes Merkmal das rechtliche Moment. Zwar ist der Trend zur Verstaatlichung stärker als bei der Landwirtschaft, doch gibt es generell zwei auf normativen Prinzipien beruhende Typenreihen: außer dem staatlichen auch den genossenschaftlichen und — nicht in allen Staaten — den privaten Betrieb des produzierenden Gewerbes; außer dem auf gesamtstaatlicher Ebene gelenkten auch den regional gelenkten oder den lokalen Betrieb. Beide Klassifikationen sind eng ineinander verwoben. Danach lassen sich beispielsweise in Polen eine staatliche zentral geleitete Industrie (ministerieller Verwaltungssitz in der Hauptstadt Warschau), eine staatliche Regionalindustrie und eine genossenschaftliche Industrie unterscheiden (BUCHHOFER 1976, S. 100 ff.); eine ähnliche Differenzierung gilt für die Sowjetunion, wobei die regionale Ebene nochmals — der Verwaltungsordnung entsprechend — aufgegliedert ist. Auch für die

VR China ist dieses Modell abgestuften zentralen Staatseinflusses übertragbar, wobei die zentral verwalteten Schlüsselindustrien und die dezentral dispersen Kommune- und Brigadeindustrien zu unterscheiden sind.

Der Frage, ob bei der Industrieentwicklung standorttheoretische Überlegungen, Kompetenzrangeleien oder gar psychologische Momente ausschlaggebend sind, ist man anhand des wohl berühmtesten Beispiels für ein Kombinat nachgegangen, das auch das Problem der Distanzüberwindung lösen sollte, anhand des Ural-Kuznecker Kombinates in der UdSSR (KIRSTEIN 1979; vgl. LIEBMANN 1981). Dabei wird deutlich, daß selbst eine Allokation, die vordergründig als Verwirklichung sozialistischer Standortüberlegungen und rationalökonomischen Verhaltens erscheint (nämlich mit dem *„pushing economy into space"* und dem Versuch der Transportkostenminimierung; vgl. dazu TISMER 1963), letztlich so spontan entschieden wurde, daß wohl politische und persönliche Motive momentan den Vorrang vor wirtschaftlichen Kosten-Nutzen-Analysen hatten.

Mehr als die Landwirtschaft ist die Industrie im *supranationalen Verbund* des Rates für gegenseitige Wirtschaftshilfe (RgW) integriert. Sowohl Überblicke (FÖRSTER 1980; RAUPACH 1981) wie eine Fallstudie zur chemischen Industrie in der Tschechoslowakei (FÖRSTER 1975; vgl. SEDLMEYER 1973) oder zur Leichtmetallindustrie (ANTAL 1973) zeigen jedoch die Probleme einer solchen Zusammenarbeit (vgl. auch WÖHLKE 1980). Auch die Versorgung der nationalen Industrien mit Rohstoffen scheint trotz der Bemühungen innerhalb des RgW nicht vollständig gesichert zu sein und indirekt von Weltmarktschwankungen abzuhängen. Die Rohstoffsituation gehört daher zu den Hauptproblemen bei der Industrialisierung in Ostmitteleuropa (WÖHLKE 1982).

Zusätzliche industriegeographische Beachtung verdienen die aus der *Zusammenarbeit mit den westlichen Staaten* resultierenden Raummuster (SPERLING 1971; vgl. BOLZ 1981); für

Jugoslawien ist dabei vor allem an die Geldüberweisungen jugoslawischer Arbeitnehmer in ihr Heimatland und daran anknüpfende Investitionen, aber auch an das Engagement der jugoslawischen Industrie zu denken, außerdem an sozialgeographisch faßbare Auswirkungen der Arbeiterselbstverwaltung. In der VR China scheinen sich in den Sondergebieten aus joint ventures neuartige Verflechtungen zu ergeben, insbesondere im Hinterland von Hong Kong und Guangzhou.

Auch die Interpretation der *industriellen Leistung* hat scheinbar abseits liegende Faktoren einzubeziehen. Fragt man nach den Ursachen für die geringe Arbeitsproduktivität, so werden psychologische und technische Fragen (geringe Motivierung, Überalterung der Anlagen, große Unfallhäufigkeit, geringe soziale Stabilität usw.) sowie die Vernachlässigung der Schutzvorschriften (sowohl bei den Sicherheitsmaßnahmen wie beim Umweltschutz) angesprochen (BUCHHOFER 1975, S. 120). Eine räumlich detaillierte und doch einigermaßen vollständige Erfassung der Industrieproduktion leidet allerdings unter den Mängeln der statistischen Datensammlungen und unter der Tatsache, daß für die Behörden sozialistischer Länder industriegeographische Regionalforschung kaum eine Handbreit von Spionage entfernt zu sein scheint.

Dieses Handicap wird besonders deutlich bei der auf eine umfassende *kulturräumliche Analyse* abzielenden Bearbeitung Nordböhmens durch FÖRSTER (1978); die bereits genannten Aspekte historischer Standortentwicklung, aktueller Standortplanung, betrieblicher Organisation und Einbindung in die Rohstoffnutzung werden dabei ebenso wie siedlungsgeographische und Umweltauswirkungen behandelt. Mit der Umweltproblematik (FÖRSTER 1973, 1974a; vgl. Kapitel 2.8.) wird zugleich die Fragwürdigkeit forcierter Industrialisierungsbestrebungen deutlich.

Damit führen die aufgeführten Studien zur Industriegeographie in verschiedene Bereiche der Regionalforschung:

— Grundlage der Industrialisierung sind Rohstoffe, vor al-

lem Brennstoffe, die der Energiewirtschaft dienen;
— im sozialen Wandel von der agraren zur Industriegesellschaft besteht ein enger Zusammenhang zwischen Industrialisierung und Verstädterung;
— damit verbunden sind Bevölkerungswanderungen, die auf
eine Konzentration in den (wachstumsorientierten) Indu-
striegebieten abzielen;
— die einseitige Wachstumspolitik hat aber über die Ressourcennutzung hinaus bislang ungelöste Umweltprobleme
aufgeworfen.

2.3. Energiewirtschaft und Verkehrsausbau als Vorleistungen großmaßstäblicher Erschließungsprojekte

Die industriegeographischen Untersuchungen hatten bereits
auf das große Gewicht verwiesen, das den Rohstoffen beige-
messen wird. Unter dem Einfluß der Entwicklung des Welt-
energiemarktes sind Studien zur Energiewirtschaft durchgeführt worden. Sie knüpfen an frühere Bestandsaufnahmen an,
tragen dem veränderten prozentualen Anteil der verschiedenen
Energieträger Rechnung und entsprechen der bekannten Ma-
xime Lenins, nach der Kommunismus Sowjetmacht plus Elektrifizierung des ganzen Landes — bezogen auf die Sowjetunion — sei.
Fragen der *Energiewirtschaft* wurden sowohl für die beiden
rohstoffreichen Flächenstaaten VR China und UdSSR wie für
die Energieimporteure aufgegriffen. Am Beispiel des Erdöls
und Erdgases wurde allerdings deutlich, daß selbst die noch
nicht vollständig erfaßten Vorräte der Sowjetunion die Ener-
giebedarfslücke unter den derzeitigen Knappheitsbedingungen
nur decken können, wenn der Investititionsaufwand für Tech-
nik und Technologie verringert wird (eine vorübergehende Sen-
kung der Ölpreise dürfte dabei die Marktchancen der Sowjetunion wegen der geringeren Flexibilität bei der Preisfestset-

zung sogar verschlechtern) (KARGER 1974, 1979, S. 92 ff.;
PLUHAR 1977; WEIN 1981b). Die Erschließung von Kohlen-
wasserstoffvorkommen in der VR China ist ebenfalls noch
nicht abgeschlossen; sie wird politisch durch Gebietsansprüche
im Südchinesischen Meer belastet (KAMINSKI 1977; LU und
KOLB 1982, S. 282).

Die Erschließung fossiler Brennstoffe wurde als Grundlage
für die Industrie besonders forciert, greift aber fast durchweg
auf ältere Ansätze industrieller Entwicklung zurück. Mehrere
Fallstudien befassen sich mit einzelnen Schwerpunktgebieten
wie dem Nordböhmischen Braunkohlenrevier (FÖRSTER
1971, 1973, 1978), dem Oberschlesischen Industrierevier
(BUCHHOFER 1974, zur Gewinnung sekundärer Energie;
DERS. 1975), den hydroenergetischen Komplexen an Wolga
und Angara (WEIGT 1978; KARGER 1966 u.ö.). An der berg-
baugeologischen Prospektierung im asiatischen Teil der Sowjetunion läßt sich der Bewertungswandel bei Rohstoffen besonders gut verfolgen: Im Zusammenhang mit dem Aufbau der
Schwerindustrie wurden z.B. die Eisenerzvorräte von Chalilovo
an der Ural-Südabdachung um das Drei- bis Vierfache höher ge-
schätzt, als erste Mutmaßungen, aber auch spätere, genauere
Prospektionen ergaben (LIEBMANN 1981, S. 158). Die Konkurrenz zwischen den verschiedenen Behörden, die mit der
Prospektierung betraut waren, die Entwicklung unterschiedlicher Projekte für Kombinatszusammenschlüsse und die politischen Auseinandersetzungen beim Entscheidungsprozeß mögen zeitweilig die Raumerschließung verzögert, dann wieder
unüberlegt rasch forciert haben, doch blieb die Grundüberle-
gung, von den Brennstoffen und damit von der Energiebasis
auszugehen, um eine komplexe industrielle Raumerschließung
einzuleiten, unangefochten. Dieses Modell einer zeitgleichen
Erschließung von komplementären Rohstoffen (Brennstoff
und Erze) führt unmittelbar zu den heute als regionalem Planungsinstrument bevorzugten Modell der ,,Territorialen Pro-
duktionskomplexe" (TPK). Dabei werden einer gesamtwirt-

schaftlich bedeutsamen Energiequelle im Rahmen eines funktionalen Wirtschaftsraumes einige energieintensive industrielle Schlüsselbetriebe, Zulieferunternehmen, ergänzende Industriezweige, aber auch eine für die regionale Versorgung zuständige Landwirtschaft, die Bauwirtschaft, die von ihr geschaffenen Siedlungen mitsamt der materiellen und sozialen Infrastruktur zugeordnet. Die sowjetische Regionalwissenschaft bemüht sich um eine modellhafte Operationalisierung dieses Ansatzes (vgl. LIEBMANN 1978, S. 219; aus sowjetischer Sicht BANDMAN, Hrsg., 1976; AGANBEGJAN, BANDMAN und GRANBERG 1976; AGANBEGJAN, Hrsg., 1981).

Knappe Abrisse der nationalen Energiewirtschaft wurden für Jugoslawien (P. FEITH 1975; P. und L. FEITH 1977), für Polen (WRZOSEK 1978), Bulgarien (SCHAPPELWEIN 1974), für die VR China (CHEN und AU 1972; SLEZAK 1973; GRÜLL 1977) und für die Kernkraftnutzung in der UdSSR (KNÜBEL 1983; BORN 1983) vorgelegt. Alle Arbeiten weisen die große volkswirtschaftliche Bedeutung der eigenen Energieträgervorkommen in den genannten Staaten nach; zwar bestehen zwischenstaatliche Verflechtungen, vor allem im RgW, und auch für den Westexport spielen Braunkohle aus der DDR und aus Böhmen, Steinkohle aus Oberschlesien, Erdöl und Erdgas aus der Sowjetunion eine große Rolle. Für die weitere Erschließung und Inwertsetzung sibirischer Brennstoffe sind außenpolitische und außenhandelswirtschaftliche Kontakte der Sowjetunion mit Japan und den westeuropäischen Industriestaaten entscheidend (vgl. am Beispiel der Kupferlagerstätte Udokan ANGERMEIER und PASDACH 1972). Ihre Schwankungen während der 70er Jahre wirkten sich jeweils unmittelbar auf Investitionszuweisungen für die Großprojekte der Rohstofferschließung und des Rohstofftransportes aus. Vor allem dienen die Vorkommen der genannten Gebiete aber der Sicherung der Energiebasis für die jeweilige Volkswirtschaft. Die Frage, inwieweit alternative Energiequellen genutzt werden können, wurde bisher nur für die VR China gestellt, die zwar die Nutzung erschöpfbarer fossiler Brennstoffe vorantreibt, daneben aber mit Biogasanlagen auch Alternativen für Entwicklungsländer anbieten möchte. In diesem Zusammenhang stehen Ansätze für ein integriertes Agrar-Energie-System (SHEARER 1982).

Für die Sowjetunion, aber auch für die VR China lassen sich enge Beziehungen zwischen Rohstofferschließung und *Verkehrsausbau* nachweisen. Die Arbeiten zur Planung und zum Bau der Bajkal-Amur-Magistrale als dem bedeutendsten sowjetischen Verkehrsbauvorhaben der Gegenwart belegen diesen Zusammenhang (LIEBMANN 1978; KARGER 1979, S. 99ff.; 1980a). Dieses zunächst spektakuläre Großprojekt, dessen ingenieurtechnische Leistung trotz noch bestehender Mängel unbestreitbar ist, erwies sich dabei im Nachhinein als weniger raumwirksam, da die zunächst hochgespannten Erschließungsziele zugleich von außenpolitischen Entwicklungen (in diesem Fall von den Kontakten zwischen der Sowjetunion und Japan einerseits, vom Konflikt zwischen UdSSR und VR China andererseits), von Rohstoffprospektierung und von der regionalen Investitionspolitik (KLÜTER 1983) abhängig waren. Die Bauarbeiten haben sich etwas verlangsamt, die Ziele sind zurückgeschraubt worden, nachdem schon in den 70er Jahren Probleme beim Einsatz von Arbeitskräften aufgetreten waren (KNABE 1975, 1977, 1982). Am Beispiel der Bajkal-Amur-Magistrale lassen sich drei Charakteristika der sowjetischen Raumerschließung hervorheben: die für Sibirien und den Fernen Osten charakteristische Konstanz der Erschließungsnotwendigkeit unter problematischen natürlichen Rahmenbedingungen, ferner der Wandel von der Zwangsarbeit über eine Phase, in der die Begeisterung für Aufbauarbeiten dominiert, bis zur Notwendigkeit, durch materielle Leistungsanreize die Arbeitskräfte zu motivieren (KARGER 1980a; STADELBAUER 1981), und schließlich das Bestreben, mit Territorialen Produktionskomplexen eine Eigendynamik der regionalen Wirtschaftsentwicklung einzuleiten (LIEBMANN 1978; vgl.

KNOP u. STRASZAK, Hrsg., 1978). Außer den osteurasischen Erschließungsgebieten ist Mittelasien in verkehrsgeographische Untersuchungen und in die länderkundliche Interpretation einbezogen worden; auch dort erweist sich die Eisenbahn bis heute als wichtigster Verkehrsträger, der zur Polarisierung der Siedlungsentwicklung, zum großräumigen Austausch von Agrargütern und zu Versorgungsleistungen im gesamtstaatlichen Zusammenhang beiträgt und damit eine große Rolle für die Integration peripherer Räume spielt (STADELBAUER 1973, 1974).

Sowohl für die Sowjetunion wie für die VR China wurde die „Raumüberwindung", d.h. der aus großen mittleren Transportweiten der Massengüter resultierende Kostenaufwand, als ökonomischer Hauptfaktor herausgearbeitet. Er bestimmte frühe Standortüberlegungen beim Industrieaufbau (am Beispiel des Ural-Kuznecker Kombinats von TISMER 1963 hervorgehoben; vgl. KIRSTEIN 1979) und wird auch heute berücksichtigt. In der VR China belastet vor allem der Kohletransport die Bahnlinien des östlichen Tieflands (LU und KOLB 1982, S. 277 ff.). Der West-Ost-Verkehr ist im Rahmen des technologischen Gefälles, politischer Barrieren und handelswirtschaftlicher Ambitionen zu sehen (vgl. BINNENBRUCK 1977; HELLE 1977; MÖHRMANN 1977). Auch der zunehmende Handelsaustausch zwischen West und Ost erfuhr erste Interpretationen (PRIKLOPIL 1977; VARGA 1982; ECKART 1982b).

Weiträumige Verkehrserschließung darf nicht zu der Annahme verleiten, daß nicht auch in den kleineren Staaten Ostmittel- und Südosteuropas verkehrsgeographische Fragen behandelt würden. So ist für Polen die Anbindung des Oberschlesischen Industr">eviers an den Warschauer Raum und der Zusammenhang mit dem Ausbau der Ostseehäfen (in denen sich unterschiedliche Funktionen überlagern) ein aus der Vorkriegszeit ererbtes Problem geblieben (vgl. BUCHHOFER 1975, S. 238 ff.; SCHAPPELWEIN und STANEK 1977; ZALESKI 1978; LESZCZYCKI 1979). Eine kurze Studie über die ČSSR legte HURSKÝ 1981 vor. Für Südosteuropa ist die Donau der wichtigste internationale Verkehrsweg, der seine Bedeutung trotz des Ausbaus von Eisenbahnen und Fernstraßen behielt und der vom umstrittenen Ausbau des Rhein-Main-Donau-Kanals zusätzlichen Gewinn erwartet (*Die Donau als Verkehrsweg Südosteuropas und die Großschiffahrtsstraße Rhein-Main-Donau*, 1969; KOROMPAI 1977).

Energiewirtschaft und Verkehrsausbau wurden hier in ihrer Bedeutung für die Raumerschließung herausgegriffen. Von hier aus wird auch erneut ein Schlaglicht auf die Industrialisierung geworfen, wobei die These zu diskutieren ist, ob das zentralistische System der Wirtschaftsverfassung − da es nicht auf einen momentanen Nutzen fixiert zu sein braucht − nicht eine wesentliche Voraussetzung für die Distanzüberwindung bei der Erschließung kontinentaler Großräume sei (RAUPACH 1971; vgl. HUTCHINGS 1966). Eine weitere Implikation ist der Zusammenhang mit sozialen Problemen, der am Beispiel von Sibirien hervorgehoben wurde (KARGER 1966, 1980a): Nach einer Phase der Zwangsarbeit, vor allem unter Stalin, und nach einer Phase, in der während der CHRUŠČEV-Ära die patriotische Motivation zur psychologischen Basis für das Engagement der Jugend bei Aufbauprojekten wurde, sind Ende der 60er Jahre materielle Anreize in den Vordergrund getreten, die den Leistungswillen stimulieren sollen. So enthalten die Phasen der Raumerschließung zugleich Indikatoren für den sozialen Wandel, der wiederum eng mit der Bevölkerungsentwicklung zusammenhängt.

2.4. Bevölkerungsentwicklung und Minderheitenproblematik

Drei Ansatzpunkte haben die Bevölkerungsanalyse in den sozialistischen Staaten besonders befruchtet:

1. Im Vergleich zu anderen Daten sind die Ergebnisse von Volkszählungen relativ gut in statistischen Publikationen faß-

32

bar, in der Regel mit einer kleinräumigen Aufschlüsselung, die den Nachweis von regionalen Entwicklungen innerhalb eines Staates ermöglicht.

2. Fragen ethnischer Minderheiten oder des Zusammenlebens verschiedener Nationalitäten in einem Staat spielen in den meisten hier zu betrachtenden Staaten eine Rolle. Wo die Statistik eine Mehrfachkorrelation zwischen ethnischer Zugehörigkeit, demographischen Merkmalen und sozioökonomischen Daten erlaubt, sind die Zählungsergebnisse das wichtigste flächendeckend verfügbare Datenmaterial, aus dem sozialgeographische Analysen hervorgehen können.

3. Für Ostmittel- und Südosteuropa, aber auch für die Sowjetunion und die VR China kann daraus die Fragestellung nach den Auswirkungen des sozialen Wandels der Nachkriegszeit weiterentwickelt werden, wie er in der von RONNEBERGER und TEICH (1968 ff.) herausgegebenen Schriftenreihe bereits vor reichlich einem Jahrzehnt analysiert wurde.

Detailliertere Untersuchungen zur *Bevölkerungsgeographie* wurden von BUCHHOFER (1967) für die ehemals deutschen Gebiete in Polen, von GIESE (1971) für die Sowjetunion und von HELLER (1974a, 1975) für Rumänien vorgelegt. BUCHHOFER (1967) kann nachweisen, daß die von polnischer Seite angestrebte Wiederbesiedlung der durch Flucht und Vertreibung menschenarm gewordenen Gebiete kleinräumig sehr unterschiedlich ablief und von hoher Mobilität und Unstetigkeit der Besiedlung gekennzeichnet war. Nur Bereiche mit einer bedeutenden polnischen Vorbevölkerung, die meisten Kreise entlang der früheren Ostgrenze des Deutschen Reiches und die günstigsten Ackerbaugebiete wiesen eine stabile ländliche Siedlungstätigkeit auf. Bei allen Vorbehalten gegenüber der Verwertbarkeit statistischer Daten wurde eine unvoreingenommene Darstellung und Interpretation eines Prozesses vorgelegt, der im Vorfeld der Ostverträge sicher zu den Reizthemen gehörte, die lange Zeit eine Verständigung verzögert hatten. Die Untersuchungen von GIESE und HELLER bestätigen im großen und ganzen die von der westlichen Bevölkerungslehre aufgestellten Hypothesen, z.B. zum demographischen Übergang [für den GIESE (1971) zeigen kann, daß er in der Sowjetunion, entwicklungsgeschichtlich bedingt, in den einzelnen Republiken einen unterschiedlichen Stand erreicht hat], zum Wandel des generativen Verhaltens bei der Verstädterung, zur Tertiärisierung; sie zeigen aber auch das verspätete Einsetzen kleinräumiger Mobilität, die inzwischen in den verkehrsmäßig besser erschlossenen Gebieten zu Pendlerverflechtungen führte. Regionale Unterschiede der Pendelwanderung sind für Ungarn herausgearbeitet worden (SÁRFALVI 1979): Während im N sich die Pendlereinzugsgebiete vom Balaton über Budapest bis Miskolc ineinander verzahnen und überlappen, sind sie um die größeren Städte Ost- und Südungarns isoliert ausgebildet und teilweise nur schwach entwickelt. Für Ungarn und die Tschechoslowakei (sowie Österreich) sind Pendlerwanderregionen zusammenfassend (allerdings für 1960/61) dargestellt (*Atlas der Donauländer*, Lfrg. 4, 1973, Karte 222). Der Ausbau solcher Verflechtungen hat die Landflucht eingedämmt, sie jedoch nicht völlig verschwinden lassen (WEIN 1973a für den jugoslawischen Karst; CRKVENČIĆ 1973 für Kroatien; MARIOT 1977 für die Slowakei). Selbst in der hochindustrialisierten DDR zeigen die Ballungskerne noch wesentlich länger als in der Bundesrepublik Deutschland einen positiven Bevölkerungssaldo (STEINBERG 1974, 1974a). Damit unterscheiden sich offensichtlich die sozialistischen Staaten bis zur Gegenwart hinsichtlich der Bevölkerungsentwicklung von den stärker motorisierten westlichen Industrieländern mit ihrer höheren Mobilität. Die in der Presse oft diskutierten Fragen von verkappter Arbeitslosigkeit und Arbeitskräftemangel müssen regional sehr differenziert betrachtet werden. Ein Vergleich verschiedener Regionen in der Sowjetunion, z.B. Mittelasiens und Ostsibiriens, zeigt, daß eine Analyse die natürliche Bevölkerungsentwicklung, Zu- und Abwanderung, die Stadt-Land-Verteilung, den Ausbildungsstand, die ethnische Zugehörigkeit, die Alters- und Beschäftigtenstruktur und die Migrationsbereitschaft berücksichtigen muß. Untersuchungen zur regionalen Versorgung mit Arbeitskräften weisen den engen Zusammenhang mit den bereits genannten Erschließungsmaßnahmen in Sibirien nach (KNABE 1975). In der Sowjetunion sind außer den großen Metropolen mit einem nur administrativ eindämmbaren Zuwanderungsdruck periphere Erschließungsregionen in Sibirien und im Fernen Osten durch eine starke Fluktuation gekennzeichnet, während die ländlichen Gebiete Mittelasiens, die ohnehin die höchsten natürlichen Zuwachsraten aufweisen, bei geringer Abwanderungsneigung ein Arbeitskräftepotential anbieten können, das bislang jedoch noch kaum durch eine neue Standortorientierung der Leichtindustrie genutzt wird (VOGELSANG 1976; KNABE 1975a, 1976, 1978). Ältere Industriegebiete (Ural) geben Arbeitskräfte ab und stagnieren in der Bevölkerungsentwicklung. Die Versorgung der sibirischen Erschließungsgebiete wird durch die beträchtliche Rückwanderung beeinträchtigt. Die hinter diesen Wanderungen stehenden sozialpsychologischen Motive sind bisher nur durch die Auswertung sowjetischer Fallstudien selektiv zu erfassen. Die Entwicklung zeigt sicher einen von der Industrialisierung und Verstädterung gesteuerten Trend, der zu geringerem Bevölkerungsniveau, höherem Anteil der erwerbsfähigen Bevölkerung und größerer Migrationsbereitschaft und Mobilität führt (HELLER 1974a, S. 487; vgl. auch PAWLITTA 1978), doch ist das jeweils erreichte Stadium in dieser Entwicklung regional sehr unterschiedlich, so daß sich Gebiete mit starker Beharrung von Bereichen hoher Mobilität unterscheiden lassen (wobei alle Dimensionen des Mobilitätsbegriffes gemeint sind).

Analysen zur Bevölkerungsentwicklung und Mobilität machen auch auf den propädeutischen Wert knapper Aufbereitungen von Bevölkerungsstatistiken, vor allem von Zählungsergebnissen aufmerksam. Solche kurzen Abrisse erschienen zu Polen (BARBAG 1974, vgl. den Forschungsbericht von BUCHHOFER 1968a), zur DDR im Vergleich zur Bundesrepublik Deutschland (STEINBERG 1974, 1974a, vgl. GOHL 1977), zur Tschechoslowakei (URBAN 1970), zu Rumänien (HELLER 1974, 1975) und zur Sowjetunion (KNABE 1979a). Eine Auswertung der letztjährigen Volkszählungsergebnisse der VR China steht noch aus (vgl. MA 1983; einige Materialien bei DÜRR 1983). Ebenso müßten — analog zu Untersuchungen auf der Iberischen Halbinsel — Fragen der Gastarbeiterwanderungen und -rückwanderung weiter verfolgt werden (vgl. BAUČIĆ 1973, 1975; HABERL 1978). Hier liegen erste Ergebnisse eines in Wien und Jugoslawien durchgeführten Forschungsprojektes vor, das die Verankerung von Gastarbeitern in zwei Gesellschaften und die speziellen Probleme der bereits im Ausland aufwachsenden Gastarbeiterkinder aus dem Blickwinkel der Sozialökologie analysiert (LICHTENBERGER 1982, 1982a).

In Ostmitteleuropa hat der Zweite Weltkrieg *Bevölkerungsverschiebungen* nach sich gezogen. Nachdem schon relativ früh eine systematische Erfassung der Entwicklung in den ehemaligen deutschen Ostgebieten, die unter polnische Herrschaft gekommen sind, durchgeführt wurde (BUCHHOFER 1967, 1968) und vom Bevölkerungswissenschaftler BOHMANN (1969-1975) eine vierbändige Darstellung für den gesamten Raum bis in die Sowjetunion gegeben wurde, sind in den 70er Jahren auch die ČSSR (FÖRSTER 1978) und Rumänien (HELLER 1975) in die Betrachtung einbezogen worden. Analogien zu bevölkerungsgeographischen Entwicklungen in westlichen Staaten erweisen sich teilweise als administrativ gelenkt. So kann man — wie es uns geläufig erscheint — um die rumänische Hauptstadt mit mäßiger Bevölkerungszunahme einen Ring von Gemeinden mit überdurchschnittlichem Wachstum feststellen. Außer Metropolisierung und Randwanderung muß dort jedoch zusätzlich die administrative Zuzugsbeschränkung nach Bukarest berücksichtigt werden (HELLER 1975, S. 309 f.). Diese und andere Untersuchungen im östlichen Mitteleuropa lassen auch den Zusammenhang zwischen relativer ländlicher

Übervölkerung und verzögerter Verstädterung hervortreten, auf den WÖHLKE schon früher (1964) hinwies.

Außerhalb der Geographie erschienen mehrere Darstellungen, die sich mit *Nationalitätenfragen* in Südosteuropa beschäftigen. Mit madjarischen Siedlungsgebieten außerhalb des heutigen Ungarn, dem Föderalismus in der ČSSR, den Resten deutschen Volkstums, der Makedonien- und der Bessarabien-Frage — durchweg auch von der älteren politisch-geographischen Literatur angesprochenen Problemen — befaßt sich HARTL (1973); dem in der jüngsten Vergangenheit wieder deutlich gewordenen Problem der in Jugoslawien lebenden Albaner ist die Untersuchung von REUTER (1982) gewidmet. Die für den inneren Zusammenhalt, aber auch die regionalen Unterschiede in Jugoslawien (EGER 1978, 1980) so wichtige Nationalitätenproblematik wird auch in der länderkundlichen Darstellung von BÜSCHENFELD 1981 angesprochen und am Beispiel von Kosovo exemplifiziert (BÜSCHENFELD 1982a). Nationalitätenfragen in der Sowjetunion sind mehrfach (CARRÈRE D'ENCAUSSE 1979; BROOK 1980; HAARMANN 1978; SIMON 1979, 1981; HEITMAN 1980; OSCHLIES 1983) behandelt worden, für die VR China mit ihren vergleichbaren Problemen fehlt offensichtlich das Datenmaterial.

2.5. Sozialer Wandel und Urbanisierung

Die mit der betrieblichen Konzentration im Agrarsektor verbundenen Siedlungsveränderungen, die Dispersion industrieller Ansätze, geplante Erschließungsmaßnahmen, welche von Rohstoffnutzung und Verkehrsausbau ausgehen, und die Wanderungsbewegungen der Bevölkerung hatten jeweils auf einen durchgreifenden sozialen Wandel verwiesen, der die meisten sozialistischen Länder erst spät, d.h. nach dem Zweiten Weltkrieg erfaßte und von Agrar- zu Industriestaaten umprägte. Die von RONNEBERGER und TEICH (1968 ff.) herausgegebenen

Studien zum sozialen Wandel in Südosteuropa zeigen ebenso wie mehrere Sammelbände und Einzeluntersuchungen, welche das Münchner Institut für Wirtschaftsgeographie in Zusammenarbeit mit Kollegen aus den sozialistischen Staaten Südosteuropas veröffentlichte (LETTRICH 1975; RUPPERT u. MAIER, Hrsg., 1971; *Sozialgeographische Probleme Südosteuropas,* 1973; *Räumliche Struktur- und Prozeßmuster in der SR Makedonien,* 1980; *Industrialisierung und Urbanisierung in sozialistischen Staaten Südosteuropas,* 1981), die Vielschichtigkeit des Urbanisierungsprozesses. Wenn auch die Realität nicht der ideologisch geforderten, allmählichen Anpassung der Lebensbedingungen im ländlichen an jene des städtischen Raumes (TÖMMEL 1981) entsprechen mag, so ist doch unverkennbar, daß die weltweite Verstädterung auch die sozialistischen Staaten erreichte. Sie wird teils aus wirtschaftlichen Daten (ZOTSCHEW 1972), teils mit sozialgeographischen Arbeitstechniken erfaßt. Von dem umfassenden Konzept 'Daseinsgrundfunktionen' der sogenannten Münchner Schule der Sozialgeographie sind zahlreiche Aspekte in anderem Zusammenhang zu erwähnen; hier bleibt vor allem die Erholungsfunktion zu besprechen, da für den Bildungssektor keine einschlägigen geographischen Untersuchungen vorliegen. Sowohl zur Naherholung wie zum längerfristigen Tourismus waren jedoch Studien möglich.

Dabei ließ sich die *Naherholung* wesentlich schwerer analysieren, weil die dafür notwendigen Befragungen in der Regel nicht möglich sind. Scheidet damit ein verhaltenstheoretischer Ansatz aus, so lassen sich wenigstens die siedlungsgeographischen Ausprägungen erfassen, am leichtesten die Zweitwohnsitze. Die ursprünglich einer sozialen Oberschicht vorbehaltene Möglichkeit, am Wochenende oder zu Ferienzeiten auf einen Zweitwohnsitz auf dem Land auszuweichen, prägte bereits die kurzfristige Erholungsmobilität der vorsowjetischen Bevölkerung, wie der Siedlungstyp der *dača* im Umkreis von Moskau zeigt. Inzwischen hat diese Bewegung um sich gegriffen und in weiten Teilen Ostmitteleuropas und in den bevorzugten Gebieten der Sowjetunion eine rege Bautätigkeit initiiert, soweit die finanziellen Mittel gegeben sind. Fehlen sie, dann wird das natürliche Potential der Flüsse, besonders im Bereich von Stauseen, genutzt (NEUBAUER 1973 für die ČSSR). Als problematisch erweist sich allerdings der bisweilen an den Bedürfnissen der erholungssuchenden Bevölkerung vorbeigehende planerische Eingriff. Die große Bedeutung von Freizeitwohnsitzen für Jugoslawien ist am Beispiel Makedoniens exemplarisch hervorgehoben worden (STOJMILOV 1980).

Der längerfristige und meist über größere Raumdistanzen sich erstreckende *Fremdenverkehr* hat eine doppelte Funktion in den sozialistischen Staaten. Einerseits manifestiert er (als inländischer Massentourismus) die zunehmende Bevölkerungsmobilität, das veränderte Zeitbudget der Bevölkerung und einen neuen Raumanspruch, auf der anderen Seite (als Ausländertourismus) soll er die Einnahmen der Devisenwirtschaft der sozialistischen Staaten verbessern. Die Begrenztheit geeigneter Zielräume und der Konzentrationseffekt bei der Investitionspolitik haben eine zusätzliche Fragestellung aufgeworfen, die Raumnutzungskonflikten ökonomischer und ökologischer Art nachgeht.

1970 befaßte sich eine Tagung der Südosteuropa-Gesellschaft mit Fragen des Tourismus; dabei wurden kurze Übersichten über den Tourismus in der Slowakei, in Jugoslawien, in Ungarn, in Rumänien und in Bulgarien von Fachkollegen aus den betreffenden Ländern vorgetragen und in den allgemeinen Rahmen der sozialgeographischen Tourismusforschung eingeordnet (RUPPERT u. MAIER, Hrsg., 1971). Auch im Anschluß an eine Tagung der IGU Working Group „Geography of tourism and recreation" in Ljubljana (1978) wurden mehrere kürzere Überblicksarbeiten zur Fremdenverkehrsentwicklung in Slowenien (BABIČ 1979; GOSAR u.a. 1979), anderen Bereichen Südost- und Ostmitteleuropas (BACHVAROV 1979; ŠKVARČEKOVÁ 1979) sowie an der finnisch-sowjetischen

Grenze (HELLE 1979) in einem von J. MATZNETTER herausgegebenen Sammelband vorgelegt. Diese Untersuchungen machen deutlich, daß politische Grenzen noch immer eine trennende Funktion haben, daß aber die regionalwirtschaftliche Bedeutung des Fremdenverkehrs auch nach Erleichterungen beim Grenzübertritt suchen läßt. Ergänzt werden diese Sammlungen durch knappe Übersichtsdarstellungen für Bulgarien und Polen (DINEV 1978; LIJEWSKI 1978) sowie einen Typisierungsansatz für die Slowakei (MARIOT 1970). Aus westdeutscher Sicht exemplarisch untersucht wurde vor allem das adriatische Jugoslawien (BAUER 1969; KARGER 1973; WEIN 1973, 1979; JORDAN 1981, 1983, BÜSCHENFELD 1982; vgl. BÜSCHENFELD 1981, S. 51 ff.).

Allgemeinere Ansätze, die aus der osteuropäischen und sowjetischen Geographie in westlichen Fachorganen vertreten wurden, heben die Kategorien von 'Raum' und 'Zeit' als wissenschaftliches Ordnungsmuster (KASUMOV 1979) hervor und bemühen sich um eine touristische Bewertung der natürlichen Umwelt (vgl. BARTKOWSKI 1979; MARIOT 1979). Vergleicht man diesen Ansatz mit den Bestandsaufnahmen, dann wird auch die Frage nach den raumordnerischen Konsequenzen des Fremdenverkehrs (MARCOVIĆ u. WENZLER 1974) aufgeworfen, da dieser Wirtschaftszweig Peripherräumen zugute kommen soll, damit aber auch eine Belastung von sonst noch wenig bedrohten Gebieten darstellen kann. Am Beispiel des Großen Kaukasus wird diesen Konflikten zwischen landschaftlichen Ressourcen (*„scenic resources"*), Raumerschließung, touristischer Planung und ökologischer Gefährdung nachgegangen (STADELBAUER 1983b).

Den soziologischen Hintergrund von Freizeit, Naherholung und Fremdenverkehr (vgl. KNABE 1979) hat die geographische Forschung bislang nur unzureichend analysiert (vgl. den knappen Überblick bei KLÜTER 1980); eigenes Theoriedefizit des Faches und die Schwierigkeiten bei empirischer Forschung spielen hier zusammen.

Eine Studie zur Diffusion des Fernsehens in Polen verfolgt zwar theoretische und methodische Ziele der *Innovationsforschung*, verweist aber zugleich auf die Bedeutung, die Einzelelemente der materiellen Kultur als sozialmorphologischer Indikator einer räumlichen Differenzierung besitzen (BAHRENBERG u. ŁOBODA 1973). Nur selten kann jedoch mit detailliert regional aufgeschlüsselten statistischen Zeitreihen gearbeitet werden, so daß diese Studie singular bleiben mußte.

Eine weitere Gruppe von *Urbanisierungs*studien widmet sich den Siedlungsformen, vor allem jenen großen Dörfern, die von Bevölkerungszahl und infrastruktureller Ausstattung, weniger von den zentralörtlichen Aufgaben her den Übergang zwischen ländlichen und städtischen Siedlungen markieren. Sie verknüpfen sich in Südosteuropa mit der siedlungshistorischen Entwicklung der durch die Türkenkriege verursachten Wüstung und Siedlungskonzentration in „Stadtdörfern" oder „Dorfstädten" (JUBA 1976/78; KOLTA 1973) oder mit dem sowjetischen Konzept der Agrostadt (MECKELEIN 1964, S. 256 f.; HAHN 1970, S. 92 f.; STADELBAUER 1979, S. 267 f.; ROSTANKOWSKI 1982a, S. 32; JÄHNIG 1983). Der mehrfache Wandel siedlungspolitischer Leitbilder zeigt sich darin, daß dieses Konzept nie generell durchsetzbar war, aber unter verschiedenen Benennungen und Ausprägungen mehrfach verfolgt wurde. Bis heute ist die infrastrukturelle Ausstattung, die als Hauptmerkmal der Urbanisierung des ländlichen Raumes dient, in der Sowjetunion unzureichend (*Handbuch der Sowjetverfassung*, Bd. I, 1983, S. 332 ff.). In Analogie zur westlichen Deutung der Sozialbrache wurde die Flur in die Untersuchungen zum sozialen Wandel einbezogen (KLEMENČIČ 1976; vgl. ZSILINCSAR 1971); am Beispiel Ungarn läßt sich das divergente Auftreten von Brache sowohl als Extensivierung in Peripherräumen wie als Übergangserscheinung in Bereichen zunehmender Verstädterung erklären (BERÉNYI 1980).

2.6. Verstädterung und Stadtentwicklung: Der Typ der sozialistischen Stadt, Siedlungssysteme und Stadtplanung

Zusätzlich zu den aufgeführten sozialgeographischen Ansätzen hat die Stadtgeographie versucht, die ihr eigene Thematik auch auf die sozialistischen Länder auszuweiten. Im Vordergrund steht die Frage, ob die *sozialistische Stadt* als ein ideengeschichtlich, physiognomisch und strukturell eigenständiger Stadttyp aufzufassen sei, der sich dem regionalen Gliederungsschema nach Kulturerdteilen überlagere, weil er Erscheinungen aus dem vielgestaltigen europäischen Bereich, aus Rußland bzw. der Sowjetunion und aus dem chinesischen Kulturkreis einschließe. Die physiognomischen Merkmale der sozialistischen Stadt wurden vor allem an Beispielen aus der DDR (SCHÖLLER 1953, 1974, 1974a; RICHTER 1974; WALLERT 1974) und in mehreren kurzen Stadtmonographien zu sowjetischen Städten (Moskau: KARGER 1965a; vgl. ders. 1980; Leningrad: BARTH 1966; Kiev: SCHAPPELWEIN 1973; Novosibirsk: BARTH 1978) sowohl in den planerischen Grundtatsachen wie im zeitlichen Wandel der städtebaulichen Leitbilder herausgearbeitet. Gut dokumentiert ist auch die jüngere Entwicklung von Łódź (BRANDES 1978; OLSZEWSKI 1978). Damit muß die stadtgeographische Regionalforschung die zeitliche Dimension in historischer Tiefe verfolgen, um den Schichtungen gerecht zu werden, die sich aus dem wirtschaftshistorischen Wandel ergeben, und um unter dem Aspekt der Stadtplanung zu extrapolieren. Historisch-genetisch rückblickende und prospektive Stadtforschung sind somit die wichtigsten Ansätze zur Analyse von Aufbau und innerem Gefüge der sozialistischen Städte.

Historische Entwicklungsreihen ordnen der sozialistischen Überprägung einen wichtigen Platz in der Gestaltungsgeschichte der Städte bei. Besonders deutlich ist dies in Mittelasien nachvollziehbar, da die russische Kolonialzeit und das Sowjetsystem nicht nur physiognomisch unterscheidbare Stadtviertel schufen, sondern auch zu Bevölkerungsverschiebungen, zu weiterer funktionaler Differenzierung (etwa im Zusammenhang mit der Industrieansiedlung) und zur Parallelität eines weiterentwickelten, älteren, im Kolchozmarkt fortlebenden und eines jüngeren, als westlich-russische Innovation hereingetragenen Einzelhandelsnetzes führten (FICK 1971; MÜLLER-WILLE 1978; GIESE 1979). Solche Untersuchungen haben vor allem dann eine theoretische Berechtigung, wenn sie sich mit der „östlichen" Hypothese auseinandersetzen, daß aktuelle Entwicklungsprobleme zum großen Teil auf einem kapitalistischen Erbe beruhen. Andererseits scheinen sich auch ältere Muster der innerstädtischen Ortsbezogenheit und des raumbezogenen Verhaltens über die politischen Umbrüche hinweg verfolgen zu lassen, wie die Zellenstruktur chinesischer Städte zeigt (KOLB 1976; KÜCHLER 1976; vgl. SCHINZ 1983 u. 1983a). Hier hat auch die Industrie- und Stadtplanung auf ältere Muster zurückgegriffen, wie die nachträgliche Teilung von Kommunen den Versorgungsbereichen älterer Marktorte zu entsprechen scheint (vgl. DÜRR 1978, S. 71 ff. nach SKINNER 1964/65).

Mit methodisch verfeinertem Ansatz konnte die Hypothese von der regionalen Eigenständigkeit der sozialistischen Stadt weiterverfolgt werden (KARGER u. WERNER 1982; vgl. HOFMEISTER 1980, S. 88 f.).

Geht man siedlungshistorisch noch weiter zurück, so versucht die *historische Stadtgeographie,* aus den erhaltenen Spuren, aus archäologischen Funden und historischen Quellentexten das Bild, die Funktionen und die soziale Ordnung von städtischen Siedlungen früherer Zeiten zu rekonstruieren. Mit diesem Ansatz sind im Donaugebiet Bratislava, Budapest und Belgrad (RUNGALDIER 1975), in der Sowjetunion in einer Materialsammlung die estnische Universitätsstadt Dorpat (Tartu) (PETERSON 1982), das alte Moskau (KARGER 1980) und mittelasiatische Städte (GIESE 1979, 1980a, 1983b) untersucht worden. Aktualgeographisch geht es dabei auch um die Frage, inwieweit das heutige Gefüge und die derzeitigen städtischen Aufgaben aus älteren Traditionen – über politische Umbrüche hinweg – entstanden sind. Im historischen Rückblick wird aber auch die Frage nach kulturellen Strömungen und der Übertragung einzelner Formelemente verfolgt, die auf den eurasischen Gesamtzusammenhang verweisen (vgl. GOEHRKE 1980). Für die historische Sozialgeographie bieten jüngere sowjetische Veröffentlichungen ein kleinräumig aufgeschlüsseltes Material, mit dessen Hilfe z.B. die sozialräumliche Gliederung von Buchara um die Jahrhundertwende anhand von Angaben zur ethnischen Zugehörigkeit und zur Berufstätigkeit verfolgt werden kann. Untersuchungen dieser Art knüpfen an die Studien zur islamisch-orientalischen Stadt an (vgl. z.B. WIRTH 1975).

Ein anderer Ansatz versucht, funktionalen Elementen im *inneren Aufbau* der Städte nachzugehen (für Slowenien: PAK 1975). Diese Untersuchungen sind allerdings durch beschränkte Erhebungsmöglichkeiten (bei Kartierungen, statistischer Erfassung für kleine Raumeinheiten, Einsichtnahme in Bauunterlagen) erschwert. In enger Verknüpfung zu Fragen der städtischen Wirtschaft, vor allem der Handelsfunktion der Stadt (vgl. für die DDR: BERENTSEN 1980), entstanden kleinere Studien zur räumlichen Verteilung von Einzelhandelseinrichtungen in sowjetischen und chinesischen Städten (STADELBAUER 1976 und 1981a), eine andere ist Warschau gewidmet (DAWSON 1971); die qualitative Kartierung und die Auswertung von Sekundärquellen befriedigen allerdings nicht ganz, sondern müßten durch Beobachtungen und Befragungen zum Versorgungsverhalten ergänzt werden. Wesentlich umfassender ist die Analyse innerstädtischer Zentren, die HEINEBERG für West- und Ost-Berlin im Systemvergleich vorgenommen hat (HEINEBERG 1977, 1979, 1979a; vgl. SCHÖLLER 1953a, 1974). Größere Betriebseinheiten, einfachere Verteilungsmuster, geringere Ausweitung des Einzelhandels über mehrere Stockwerke, geplanter Charakter von Einkaufsbereichen unterscheiden danach das Ostberliner Zentrum von dem

44

chen unterscheiden danach das Ostberliner Zentrum von dem wesentlich mannigfaltigeren westlichen Zentrum.

Auf methodische und arbeitstechnische Probleme stößt auch die Analyse von *Städte- und Siedlungssystemen.* Die Gleichschaltung von politischer und Wirtschaftsverwaltung bewirkt ein eng an die administrative Gliederung angelehntes zentralörtliches System. Wenn auch das Zentralorte-Modell von CHRISTALLER in der Ökonomischen Geographie der sozialistischen Länder heute akzeptiert wird (WEBER u. BENTHIEN 1976, S. 147 ff.), steht eine westliche Regionalforschung mit entsprechender Fragestellung vor Problemen der Datenerfassung, d.h. vor allem der Empire. An administrativen Hindernissen scheiterte vor Jahren ein Vorhaben, Pendlereinzugsbereiche und Stadt-Umland-Verflechtungen der Städte Freiburg i.Br. und Iaşi (Rumänien) vergleichend zu untersuchen. Die verfügbaren Indikatoren zur Zentralitätsmessung (meist nur die Einwohnerzahl, die über die Theorie der Rang-Größen-Verteilung herangezogen werden kann; ferner die Zahl von Verkehrsverbindungen und die Zahl von Industriezweigen — seltener von Branchenanteilen oder Beschäftigten, kaum einmal von Investitionsaufwand bzw. Anlagevermögen oder Umsätzen) reichen nicht aus, ein jeweils größerräumiges Bild zu entwickeln, und die Beiträge osteuropäischer Kollegen beschränken sich meist nur auf kleinräumige Fallstudien. Da die Analyse von Siedlungssystemen einen engen Bezug zur konkreten Raumordnungspolitik hat, sind in der DDR vergleichsweise gut fundierte und detaillierte Untersuchungen veröffentlicht worden (vgl. z.B. KÄNEL u. WEBER 1976; MOHS, SCHMIDT u. SCHOLZ 1976; SCHMIDT u. MARGRAF 1976; SCHOLZ 1980; M. u. W. STAMS 1976). Sie machen auf den sehr ungleichen Datenzugang für Wissenschaftler aus den beiden deutschen Staaten aufmerksam, dokumentieren das hohe Niveau der geographischen Forschung in der DDR und lassen nur bedauern, daß nicht alle Forschungsergebnisse auch tatsächlich publiziert werden.

Eine planungsbezogene Analyse der Entwicklung, die die zentralen Orte Ungarns nach dem Zweiten Weltkrieg genommen haben, als eine gleichmäßigere Verteilung der Industriestandorte vorgesehen wurde, kommt zu dem Ergebnis, daß die Dispersionsversuche nicht ausreichten, einen Funktionsgewinn gerade der größten Städte zu verhindern; daher wird jetzt ein Ausbau der Mittelzentren empfohlen, der durch Verwaltungsmaßnahmen zu steuern sei (KÖSZEGFALVI 1978; vgl. auch BELUSZKY 1975). Siedlungssysteme wurden auch am Beispiel Sloweniens (VRIŠER 1973) und der Tschechoslowakei (BLAŽEK 1978) untersucht.

Die Frage nach *Ballungseffekten* bei der Verstädterung war schon früher am Beispiel der westlichen Sowjetunion untersucht worden (MECKELEIN 1960); dabei hatten sich im Vergleich zu Westeuropa deutlich geringere Dichten und größere Distanzen innerhalb der „Verdichtungsräume" gezeigt. Die weitere Entwicklung beruht auf einer Metropolisierung, die jedoch weitaus größere Ausmaße annähme, gäbe es nicht administrative Zuzugsbeschränkungen. Trotzdem lassen sich weltstädtische Verdichtungsräume feststellen, die durch deglomerative Industrieansiedlung, Zunahme des Pendlerverkehrs aufgrund verbesserter Nahverkehrsverbindungen und zunehmender Motorisierung sowie den Bau großer, standardisierter Wohngebiete, aber auch durch die Offenhaltung von Freiräumen mit Restlandwirtschaft (in intensiver, auf die städtische Versorgung orientierter, staatlicher Betriebsorganisation), Naherholungsarealen und ökologischen Ausgleichsräumen gekennzeichnet sind. Der Vergleich sowjetischer und chinesischer Ballungsgebiete im Umkreis der Metropolen zeigt allerdings deutliche Entwicklungsunterschiede, die sich vor allem aus Verzögerungen beim ökologischen Denken in China ergeben (R. HAHN 1979; KÜCHLER 1976; E. HAHN 1977; 1983).

Da Begriffe wie 'Verdichtungsraum' oder 'Agglomeration' für die Zwecke der Raumordnung operationalisiert werden müssen, hat sich die Akademie für Raumforschung und Landesplanung in Hannover in einem neueren Sammelband um einen Vergleich verschiedener nationaler Abgrenzungsverfahren bemüht; dabei wird auch auf die DDR (ISTEL u. NELLNER 1982) und auf Polen (ISTEL 1982) verwiesen.

Die bislang zur Stadtgeographie aufgeführten Teilthemen lassen erkennen, daß der von der soziologischen Stadtforschung befruchtete *sozialwissenschaftliche Ansatz* für die Aufdeckung der inneren Differenzierung von Städten in unserem Berichtsgebiet weitestgehend fehlt. Der Versuch einer Seminargruppe des Hamburger Stadtsoziologen FRIEDRICHS, Großstädte aus Ost und West miteinander zu vergleichen (FRIEDRICHS, Hrsg., 1978), zeigt den Informations- und Datenmangel überdeutlich. Wenn man feststellt, daß Untersuchungen über die innerstädtische Mobilität in sozialistischen Großstädten vollständig fehlen, daß wir höchstens Zufallskenntnisse über Kern- und Randwanderungen in städtischen Agglomerationen, über Vorgänge der ethnischen und sozialen Segregation besitzen, und daß die Aufschlüsselung von Bevölkerungsdaten nach Stadtteilen nur für wenige Städte und dann äußerst grob vorliegt, wird die Vergleichbarkeit westlicher und östlicher Stadtentwicklung stark eingeschränkt. Wegen des immer noch bestehenden Defizits an Wohnungen dürfte der größte Teil der innerstädtischen Wanderungen gelenkt sein, doch treten im Zusammenhang mit Sanierungsvorhaben zweifellos Verdrängungsvorgänge auf, die auf einer ökonomischen Bodenbewertung beruhen müssen, welche sich nicht am Marktwert des Bodens, wohl aber am Standortwert für konkurrierende Nutzungsmöglichkeiten orientiert. Auch hier fehlen detaillierte Kenntnisse. Die sozialökologische Analyse von Prag (MUSIL 1974) weist deutlich die Grenzen sozialwissenschaftlicher Stadtforschung über die sozialistischen Staaten nach.

Die gründlichsten Untersuchungen zur *Stadtplanung* liegen für die DDR vor (WERNER 1969, 1978, 1981). Sie zeigen den Wandel städtebaulicher Leitbilder, lassen Divergenzen und Konvergenzen zu westlichen Entwicklungen erkennen (wobei die Deutung dieser gegensätzlichen Vorgänge durchaus kontrovers ist; vgl. SCHÖLLER 1982, S. 26; zum Vergleich auch die Beiträge in *Zwischen Rostock und Saarbrücken*, 1973) und machen deutlich, daß das Durchsetzungsvermögen von Planungsideen gegenüber der Persistenz tradierter Strukturen nicht größer als im Westen ist.

Im Rahmen der Stadtplanung wird auch die Stadtsanierung und Stadterneuerung angesprochen. Während die vorbildhafte Wiederaufbauleistung in einzelnen Städten der DDR und ČSSR bereits früher hervorgehoben wurde (SCHÖLLER 1961; HRUŠKA 1967), treten jetzt verzögerte, aber analoge Maßnahmen in anderen Staaten in den Vordergrund (für Ungarn angedeutet von LETTRICH 1978; für Warschau: KARGER 1978; mehrere Fallstudien in *Erhaltung, Erneuerung und Wiederbelebung alter Stadtgebiete in Europa*, 1981). Sie reichen allerdings noch nicht aus, die Monotonie neuer Großwohngebiete zu überwinden (zum Städtebau auch GOLDZAMT 1975), sondern sind meist stärker auf die Gestaltung der Innenstädte, auf die Flächennutzungsplanung und auf eine Überwindung der Verkehrsprobleme ausgerichtet (vgl. für Budapest PREISICH 1979; für Prag KERN 1978).

Am Beispiel von Leningrad wurde die aktuelle Stadtplanung in den weiteren Rahmen von jüngerer Stadtentwicklung und Agglomerationseffekten eingeordnet (LUBER u. ROSTANKOWSKI 1978, zu Schutzmaßnahmen gegen Überschwemmungen dies., 1980; zur Stadtplanung in der Sowjetunion KORFMACHER 1975, KREIS u. MÜLLER 1978). Die architektonische Sonderstellung soll für die Kernstadt ebenso erhalten bleiben, wie das Wachstum entlang einzelner „Entwicklungsachsen" geordnet werden soll, wobei auch industrielle und landwirtschaftliche Funktionen in die Planung der gesamten Agglomeration einfließen. Dieses Beispiel macht deutlich, daß die Stadtentwicklungsplanung in den sozialistischen Ländern weder einseitig von architektonischen Gesichtspunkten geprägt wird, noch einem vollständigen dirigistischen Diktat unterworfen ist, das keine Offenheit für regionale Lösungen bewahrt. Einzelne Planungsprämissen sind allerdings nicht zu verwirklichen, so die rigorosen Zuzugsbeschränkungen; im Fall von Leningrad mußten die Eckwerte der prognostischen Planung ebenso nach oben korrigiert werden wie bei Moskau, während in der VR China offensichtlich vergleichbare Regelungen wesentlich strikter verfolgt werden (KÜCHLER 1981 für Beijing; E. HAHN 1983; vgl. auch SCHENK 1974).

2.7. Regionale Disparitäten und Ansätze zu Raumordnung und Regionalplanung

Anknüpfend an die genannten Analysen zur Bevölkerungsentwicklung, unter Auswertung der statistischen Daten zur regionalen Mobilität, unter Berücksichtigung der unausgeglichenen Entwicklung innerhalb von nationalen Städte- und Siedlungssystemen und unter Einbeziehung von Indikatoren des Lebensstandards (vgl. dazu RUBAN, LODAHL, MACHOWSKI u. VORTMANN 1975) ist ein sicher nicht vollständiger, aber doch tragfähiger Ansatz zur Erfassung *regionaler Disparitäten* gewonnen worden. Obwohl der Vergleich von Griechenland und Rumänien, zweier am Ende des Zweiten Weltkrieges noch weitgehend agrarisch geprägter, dann in den sozioökonomischen Übergang zu urbanisierten Lebensformen einbezogener Staaten, ergeben hat, daß Rumänien die Probleme regionaler Ungleichgewichte besser bewältigen konnte als Griechenland (HELLER 1975, 1979), muß doch die These vom Disparitätenabbau in sozialistischen Staaten in Frage gestellt werden. Der grundlegende Widerspruch zwischen ökonomisch sinnvoller Agglomeration von Wachstumsbranchen und sozial wünschenswerter Deglomeration von Wirtschaftsaktivitäten (vgl. BUCHHOFER 1976) konnte auch in Ostmitteleuropa, in der Sowjetunion und in der VR China nicht aufgehoben werden. Auch in Rumänien pausen sich historisch angelegte

49

Entwicklungsunterschiede durch, die selbst von der zentralen Raumordnungspolitik kaum zu beseitigen sind (HELLER 1981). In Ungarn diente der Indikator 'Brache' dazu, im Rahmen eines größeren Forschungsprojektes über periphere ländliche Räume Phänomene wirtschaftlicher Extensivierung und räumlich ausgreifender Verstädterung so voneinander zu trennen, daß sich daraus räumliche Entwicklungsunterschiede ableiten lassen (BERÉNYI 1980). Disparitäten in Polen wurden aus einer Diffusionsstudie ersichtlich, die den Vorsprung dicht besiedelter, industrialisierter und von höherer Kaufkraft geprägter Gebiete, in denen das Fernsehen bereits während der 60er Jahre sich als Neuerung ausbreitete, vor peripheren ländlichen Räumen im nördlichen und östlichen Polen nachweist (BAHRENBERG u. ŁOBODA 1973).

Eine amerikanische Arbeit (FUCHS u. DEMKO 1979) ist der Frage nach regionalen Disparitäten in sozialistischen Staaten systematisch nachgegangen. Bevölkerungsgeographische Aspekte und Rückwirkungen auf das Siedlungssystem lassen sogar erwarten, daß sich (kleinräumig und daher mit den verfügbaren Daten schwer faßbar) die Gegensätze noch verschärfen. Die Siedlungsstrukturpolitik scheint sie geradezu festzuschreiben (BALZER u. WELTIN 1982). Eine weitere Begründung für Abbau und Wiederaufleben von Ungleichgewichten ergibt sich aus der Wirtschaftspolitik: Der Wechsel von stärker ideologisch befrachteten zu pragmatischeren Entscheidungen bedeutet jeweils auch — cum grano salis — , daß an die Stelle einer Raumordnungspolitik des Ausgleichs, die mit hohen externen Kosten erkauft werden muß, die Ausnutzung von Agglomerationsvorteilen tritt. Unter diesem Gesichtspunkt ist auch die Erschließung peripherer Gebiete in Sowjet-Asien und in den Westgebieten der VR China wieder in Frage gestellt. Die Rückbesinnung auf Zentralräume wird in der Sowjetunion auch im Agrarsektor deutlich, wenn man die Meliorationsmaßnahmen in der nordosteuropäischen Nichtschwarzerdzone als partielle Abwendung von einer risikobelasteten agrarischen Erschließung am Rand der Ökumene deutet (ROSTANKOWSKI 1979).

Eine von wirtschaftlichen Merkmalen, historisch-politischer Entwicklung, ethnischer Differenzierung und administrativer Raumgliederung ausgehende Analyse der wirtschaftsräumlichen Gliederung Sowjet-Mittelasiens und Kazachstans (GIESE 1973a) verweist auf außerökonomische Ursachen für kleinräumige Entwicklungsunterschiede und zeigt zugleich die relative Entwicklungsdiskrepanz innerhalb der gesamten UdSSR auf (vgl. auch STADELBAUER 1973, S. 377 ff.). Dies ist eine Problematik, der von regionalwissenschaftlicher Seite auch nachgegangen wurde (WAGENER 1972); dabei werden zwar die sowjetischen Leistungen für Wirtschaftsaufbau und soziale Infrastruktur nicht übersehen, doch zeigt sich immer noch eine deutliche Abhängigkeit der Peripherie von den slawisch geprägten Kernräumen (vgl. neuerdings GIESE u. HECHT 1983).

Ein umfangreiches Forschungsprojekt widmet sich der Erfassung und Deutung regionaler Disparitäten in der VR China (DÜRR u. WIDMER 1983); erste Ergebnisse wurden zusammen mit methodischen Überlegungen in der Reihe *Geochina* (Heft 1, 1979 ff.) vorgelegt. Dabei zeigte sich, daß Einkommensunterschiede, die aus Pressemitteilungen entnommen werden können, ein zwar nicht ideales, aber doch praktikables Kriterium sind, um Rückschlüsse auf Entwicklungsungleichgewichte zu ziehen und prosperierende von weniger entwickelten Regionen, vor allem innerhalb der Hauptagrargebiete im östlichen China, zu unterscheiden (*Inter- und intraregionale Disparitäten ländlicher Einkommen*, 1980). Die Ansätze zur Wirtschaftsentwicklung und zur inneren Modernisierung in der VR China müssen auch vor dem Hintergrund größerer Disparitäten gesehen werden, als sie gemeinhin in einem sozialistischen System erwartet werden (DÜRR 1981; vgl. auch BETKE u. KÜCHLER 1980; aus gesamtwirtschaftlicher, nicht regional differenzierender Sicht KLENNER 1980). Die kritische Auswertung zahlreicher Einzelinformationen trägt hier dazu bei, die Kluft zwischen Anspruch und Realität nachzuweisen, die durch den Augenschein — bei begrenzten Reisemöglichkeiten — oft mehr geahnt als tatsächlich erfaßt werden kann. Die einseitige Förderung von Schlüsselindustrien und Wachstumspolen verhindert ein regional gleichmäßiges Wachstum; zunehmende Unterschiede im Lebensstandard erhöhen möglicherweise die Migrationsbereitschaft und könnten den Druck auf die Ballungsgebiete verstärken. Dies widerspräche aber der politischen Absicht, bei aller kulturellen Autonomie für die nationalen Minderheiten ein han-chinesisch bestimmtes politisches und wirtschaftliches System landesweit durchzusetzen. Die Ansätze, diese Widersprüchlichkeit in der konkreten Entwicklungsplanung aufzulösen, ist im Rahmen allgemeiner Überlegungen zur Überwindung von Unterentwicklung zu sehen (DÜRR 1981).

Einen relativ breiten Rahmen nehmen in wirtschafts- und kulturgeographischen Arbeiten über sozialistische Länder die Aspekte der *Raumordnung und Regionalpolitik* ein. Dies erklärt sich vor allem aus dem bereits genannten ökonomischen Zugang zur Standortinterpretation und dem Ansatz 'Systemvergleich', der einen Vergleich der die Systeme steuernden Normen erfordert. Denn mit dem Begriff 'Raumordnung' verbindet sich ja auch sehr eng die Vorstellung von raumwirksamen Leistungen des Staates und seiner Organe. Mehr als in einer letztlich auf markwirtschaftliche Vorstellungen zurückgehenden Gesellschaftsordnung scheint vordergründig in den sozialistischen Staaten der administrative Einfluß dominant zu sein. Wenn wegen Gleichschaltung der politischen Kräfte und des Fehlens einer kritischen, im Einzelfall auch oppositionellen Partizipation jede Planungsidee durchsetzbar sein sollte, kann letztlich jede raumwirksame Aktivität, soweit sie bewußt zielbezogen ist, als Maßnahme von Raumordnung und Regionalpolitik gedeutet werden.

Unter diesem Gesichtspunkt sind alle Änderungen der Verwaltungsgrenzen von unmittelbarem regionalgeographischem

Interesse. Dieses zeigte sich nicht nur bei der allmählichen Entwicklung der Wirtschaftsraumgliederung der Sowjetunion (RAUTH 1967), bei der Neugliederung Ostpreußens (BUCH-HOFER 1968b), sondern auch bei den Veränderungen in der Wojewodschaftsgliederung Polens (BUCHHOFER 1981) und in Rumänien (LAMPING 1981). Eine von RITTER und HAJDU (1982) vorgelegte Untersuchung der Grenze zwischen der Bundesrepublik Deutschland und der DDR geht von der Analyse raumordnerischer Maßnahmen aus, berücksichtigt allerdings die Seite der Bundesrepublik wesentlich stärker als die der DDR.

Mehrfach ist die doppelte Einbindung der Planung auf regionaler oder lokaler Ebene in den hierarchisch gestuften Verwaltungsaufbau und die horizontal gleichgeschalteten Verwaltungsstränge analysiert worden. Dabei zeigt sich, bedingt durch die generelle Dominanz zentraler Entscheidungen, daß die Raumgestaltung auf regionaler Ebene verzögert oder in der Wertigkeit untergeordnet wurde. Allerdings hat die Unterordnung unter gesamtwirtschaftliche Zielsetzungen den Ausbau industrieller Schwerpunkträume oder Großbetriebe gefördert, wie das oberschlesische Industrierevier, das nordböhmische Braunkohlenrevier oder die an älteren Standorttheorien orientierte Entstehung von Betrieben der Schwermetallurgie (Eisenhüttenstadt, Nowa Huta) und der Erdölverarbeitung (Schwedt), aber auch die Entwicklung der wenigen neuen Städte in Ostmitteleuropa (zur ČSSR: STRIDA 1978; zur DDR: SCHÖLLER 1974a) zeigen.

Der Vergleich von Systemen bildet auch den Hintergrund für Übersichtsdarstellungen, die der Organisation und Effizienz raumordnerischer und regionalpolitischer Maßnahmen in der DDR nachgehen. Die Arbeiten von WERNER (1969a, 1978a, 1980, 1980a, 1983) und WURM (1976) leisten vor allem Aufklärungsarbeit über denjenigen Nachbarstaat, der uns Westdeutschen im Durchschnitt vermutlich am unbekanntesten ist (vgl. auch HOFFMANN 1981). In kurzen Abrissen des staatlichen Planungssystems haben MISZTAL (1977) für Polen ein Idealbild von ökonomischem Gleichgewicht und funktionierendem Umweltschutz, VRIŠER (1977) für Jugoslawien einen Ausgleich zwischen ethnischen, sozialen und Entwicklungsdisparitäten sowie die Lenkung der Verstädterung betont. Nur nebenbei sei darauf hingewiesen, daß die Arbeiten zur Raumplanung deutlich machen, welchen vergleichsweise hohen Rang die Geographie als Grundlagen- und als angewandte Wissenschaft in den meisten sozialistischen Staaten einnimmt.

Eine ausführlichere Darstellung zur Raumplanung in Kroatien (WENZLER 1977) zeigt einerseits, wie die Regionalpolitik ererbte und weiterentwickelte Ungleichgewichte in ihre Überlegungen einbeziehen muß, verdeutlicht andererseits aber auch Konvergenzen bei den Planungsvorschlägen. Erst in der Nachkriegszeit wurde die Raumplanung zu einem staatlichen Instrument, mit dessen Hilfe die regionale Entwicklung gesteuert werden sollte. Anfängliche Überlegungen zur Urbanisierung berücksichtigten noch nicht die Knappheit der Nutzungsflächen. Nachdem die Industrialisierung zunächst dezentral vorangetrieben worden war, begründet sich das heute gültige Ordnungsschema auf eine Verknüpfung von zentralen Orten und Entwicklungsachsen, die sich wie in westlichen Staaten an den Hauptverkehrslinien ausrichten. Der besonderen Belastung des adriatischen Küstenraumes durch den Fremdenverkehr soll Rechnung getragen werden. Jugoslawien bemüht sich bei seiner Raumplanung auch um einen Gedankenaustausch mit den Nachbarstaaten. Analoge Ergebnisse werden auch für Slowenien vorgelegt (JERŠIČ u. NAPRUDNIK 1980).

Auch in Polen, wo die letzte Gebietsreform von 1975 sowohl staatspolitische wie regionalpolitische Züge trägt (BUCHHOFER 1981, S. 45 ff., 161 ff.; vgl. HEŘMAN 1975), wird eine Gebietskategorisierung in Anlehnung an das punktachsiale Entwicklungskonzept vorgenommen (LESZCZYCKY 1974). Für Ungarn gilt die administrative Gliederung ebenfalls nicht als unumstößlich; vielmehr zielen eine Raumtypisierung und

zentralörtliche Analyse auf eine Anpassung der Verwaltungsgliederung an die wirtschaftliche Entwicklung ab (ILLÉS
1979).

In der Sowjetunion sind die Verwaltungsgrenzen weniger
flexibel, soweit nicht in jünger erschlossenen oder von starkem
Bevölkerungswachstum geprägten mittelasiatischen Bereichen
neue Einheiten durch Teilung bestehender Verwaltungsbe-
reiche entstanden. Sowjetische Regionalplanung (kurzer Abriß
von GRAMATZKI 1980; vgl. ders., 1974) zielt vor allem auf
die bereits genannten Ziele der Erschließung in den nördlichen
und asiatischen Landesteilen ab (vgl. WEIN 1980a). Dem dabei
eingesetzten Instrument des „Territorialen Produktionskom-
plexes" als einem zielorientierten, funktionalen Wirtschaftsraum wird in Zukunft noch mehr Beachtung zuteil werden
(LIEBMANN 1978, S. 219; WEIN 1983, S. 225 ff.).

Für die VR China stellt eine umfangreiche Materialsammlung, die während einer Reise 1976 gewonnen wurde, Fallstudien und Analysen für den städtischen und ländlichen Raum
zusammen (*Raumplanung in China*, 1980).

Mit den Fragen der Raumplanung sind zugleich die rechtlichen Grundlagen der Nutzung angesprochen; unter ihnen
spielen die Bestimmungen zum *Bodenrecht* die größte Rolle.
Keineswegs hat sich in allen sozialistischen Staaten eine Natio-
nalisierung von Grund und Boden durchgesetzt, wie sie für
Rußland bereits während der Oktoberrevolution verkündet
wurde. Doch ist generell dem Boden der individuelle Waren-
wert entzogen und das Verfügungsrecht über das Bodeneigentum weitgehend eingeschränkt worden. De facto hat sich also
ein staatliches Obereigentum herausgebildet. Untersuchungen
zur DDR bemühen sich um eine Klärung der Konsequenzen für
die Landbewirtschaftung (HOFFMANN 1977, 1978). Nationa-
lisierter Boden wurde andererseits Kollektivbetrieben unent-
geltlich zum unbefristeten Nießbrauch überlassen; wo die landwirtschaftliche Betriebsorganisation vom Kollektivgedanken
abrückte und individualwirtschaftliche Elemente aufgriff wie

in Rumänien, wird Bodenbesitz fast wieder zum Bodeneigentum. In Jugoslawien ist Privateigentum abseits der Städte und der Siedlungen mit nationalisiertem Grund und Boden möglich; zahlreiche Erholungs- und Fremdenverkehrseinrichtungen beruhen darauf. Unklar ist, ob das Kollektiveigentum der Kommunen in der VR China wirksam ist oder einem nationalen Obereigentum untersteht.

Vor diesem rechtlichen Hintergrund und im Zusammenhang mit Diskussionen über den Land-(oder Landschafts-)verbrauch wurde versucht, *Flächennutzungsveränderungen* zu erfassen, die in der westlichen Welt weithin über den Bodenmarkt und ordnenden staatlichen Eingriff gesteuert werden. Vergleichsstudien zur DDR, zur ČSSR und zu Polen bemühen sich um eine Interpretation unter den Bedingungen einer nicht exakt faßbaren Bodenbewertung, die sich außerhalb des Marktmechanismus vollzieht (HOFFMANN 1982; FÖRSTER 1982; BUCHHOFER 1982). Dabei zeigt sich, daß die Mißachtung des Bodenwerts (der sich allein schon aus der Tatsache der Knappheit ergibt) in den sozialistischen Ländern zu Mißnutzungen führte, die wegen des Fehlens einheitlicher Planung nur schwer zu überwinden sind. Wenn auch bei den drei genannten Bestandsaufnahmen die arbeitstechnischen Probleme deutlich werden, läßt sich doch resümieren, daß die augenblickliche wirtschaftliche Schwäche einzelner sozialistischer Staaten dazu beiträgt, weitere ökologisch bedenkliche Fehlnutzung zu verhindern. Allerdings muß dieser These auch entgegengehalten werden, daß es die gleiche wirtschaftliche Schwäche ist, die Umweltschutzmaßnahmen — trotz bestehender gesetzlicher Regelungen — verzögert. In einer ungarischen Fallstudie wurde die Frage des Nutzungswandels auf ursprünglich agrarisch genutzten Flächen analysiert und auch dabei der Landverbrauch für die Ansprüche der urbanisierten Gesellschaft und der Industriewirtschaft (neben Extensivierungserscheinungen in peripheren Räumen) als wesentlicher Faktor erkannt (BERÉNYI 1980).

Ein knappes Fazit aus den Untersuchungen zu rechtlichen Voraussetzungen, Instrumentarium und Wirksamkeit der Regionalplanung auf allen Stufen macht deutlich, daß den hohen Ansprüchen und legalen Möglichkeiten, gesellschaftliche Zielvorstellungen durchzusetzen, keine Durchschlagskraft und Weitsichtigkeit der konkreten Planung entsprechen. Vielmehr unterliegt die Planung politischen Oszillationen; sie agiert mehr anpassend als vorhersehend, und sie wird in ihrer Effizienz durch die Knappheit der Investitionsmittel geschwächt. Hinzu kommt, daß Regionalplanung auf mittlerer räumlicher Ebene verspätet eingeführt wurde, da die zentrale gesamtstaatliche Planung lange Zeit auszureichen schien.

2.8. Ressourcen und Umwelt: Der Anteil der Physischen Geographie an der Regionalforschung in sozialistischen Ländern

Mit der Knappheit des verfügbaren Bodens als einem Ausgangspunkt der Raumordnung, mit der Bedeutung von Rohstoffvorkommen für die Industrialisierung und mit den agrarklimatischen Schranken für die Landbewirtschaftung waren bereits Verknüpfungspunkte zwischen einzelnen wirtschaftsgeographischen Forschungsfeldern und einer physiogeographischen Betrachtung aufgezeigt worden.

Eine dominante Rolle spielt die *Ressourcen*frage für die sowjetische Wirtschafts- und Raumentwicklung (vgl. WÖHLKE 1965; KARGER 1981). Dabei zeigt sich, daß standortbezogene Bewertungen von Bodenschätzen aus der frühen Sowjetzeit zu Überlegungen führten, die mit Bahnbau und Prospektion noch heute die Planung künftiger Industriegebiete bestimmen (LIEBMANN 1981). Auch für die Agrarwirtschaft ist eine Bewertung von Boden und Klima unter den Rahmenbedingungen einer nur allmählich sich modernisierenden Landwirtschaft entscheidend (ROSTANKOWSKI 1979). Die von

WEIGT (1978) veröffentlichte Studie zur Wolga berücksichtigt – über einige hydrographische Daten hinaus – auch die Nutzung und knüpft an die in den 50er Jahren von SCHLENGER (1951, 1953) erarbeiteten Darstellungen über die „Umgestaltung der Natur" an (ROSTANKOWSKI 1981a). Kritische Überlegungen zu den Flußumleitungsprojekten, speziell zur Frage des Aufstaus sibirischer Ströme zu einem Sibirischen Meer (ROSTANKOWSKI 1977/78; vgl. auch KELLY, MICKLIN u. TARRANT 1983), wie auch zu anderen Umgestaltungsvorhaben (Waldschutzstreifen) (ROSTANKOWSKI 1982, 1983a) kommen zu dem Ergebnis, daß die Auswirkungen der Einzelmaßnahmen auf den Mikro- und Mesobereich beschränkt blieben und die Vielzahl von Umgestaltungsansätzen nur zu einer relativ geringen Zahl an tatsächlichen Wandlungen führte. Auch für Mittelasien gilt, daß die Inwertsetzung neuer Ressourcen (Erdöl, Erdgas, weiteres Bewässerungsland) zwar ein immer größeres Potential in die Bewirtschaftung einbezieht, daß aber dennoch Nutzungseinschränkungen fortbestehen, für deren Überwindung ein zu hoher Investitionsaufwand erforderlich wäre (STADELBAUER 1974, 1976a). Ähnliches gilt für die Nordgebiete der Sowjetunion (KARGER 1979, S. 72 f.). Das Potential von Wasserressourcen wurde sowohl in kleinerräumigen Darstellungen (TURNOCK 1979 für Rumänien) wie in umfassenden Analysen (KELLY, MICKLIN u. TARANT 1983 für die Sowjetunion) untersucht. Dabei überwiegt eine skeptische Beurteilung des Ressourcenmanagements in den sozialistischen Staaten. Eine umfassende Interpretation von ökologischer Herausforderung und gesellschaftlicher Anpassung steht noch aus. Theoretisch wurde der Gedanke weiterentwickelt und in die systemanalytische Deutung der Kulturlandschaftsgenese einbezogen (WÖHLKE 1969; zur konkreten Anwendung auf Polen vgl. ders., 1967).

Ein ökologischer Ansatz, der vom Ressourcendenken, von der Nachhaltigkeit der Ressourcennutzung ausgeht und *Landschaftsschäden*, wie sie mit naturwissenschaftlichen Methoden erfaßbar und meßbar geworden sind, berücksichtigt, konnte aus der osteuropäischen Regionalforschung bisher kaum rezipiert werden, obwohl es von dem gängigen marxistischen Mensch-Gesellschaft-Natur-Theorem nahegelegt wird. Allerdings sind die Landschaftsschäden, die durch Industrialisierung hervorgerufen wurden, nicht unbekannt geblieben. Sowohl FÖRSTER (1973, 1974a, 1980a, 1981) wie BUCHHOFER (1976, S. 181 f.) können auf Arbeiten verweisen, die diese Problematik aufgreifen. Einzelne Gebiete im nordböhmischen Braunkohlenrevier stehen offensichtlich unmittelbar vor dem Kollaps, wie Luftverschmutzung, absterbende Vegetation und gehäuftes Auftreten von Karzinomen andeuten (FÖRSTER 1973, S. 22 f.). Auch in Oberschlesien ist die Atmosphäre durch Staub und Schwefeldioxid stark belastet (BUCHHOFER 1974, S. 493); angesichts des in Mitteleuropa sich ausbreitenden „Waldsterbens" sind dies möglicherweise schlimmere Landschaftsschäden als die Sackungen, die über Bergbaugebieten entstehen.

Eine der Analyse von Raumordnungspolitik und Stadtplanung vergleichbare Arbeitshypothese liegt auch der systemvergleichenden Umweltforschung zugrunde: Die Zentralisierung von wirtschaftlichen Entscheidungen, die (potentielle) Gleichschaltung von Gesetzgebung und Wirtschaftsverwaltung und der Anspruch des Staates, als Wohlfahrtsträger wirtschaftlich wie sozial tragbare Lösungen ökologischer Probleme erarbeiten zu können, scheinen dafür zu sprechen, daß ein Ausgleich zwischen Ökonomie und Ökologie erfolgt, Übersichtsdarstellungen (FRANZKY 1971; PONGRÁCZ 1972; HÖHMANN, SEIDENSTECHER u. VAJNA 1973; *Umweltschutz in Ostmitteleuropa*, 1977; FÖRSTER 1981; HALLMANN 1982; Auflistung sowjetischer Naturschutzgebiete bei FISCHER 1981) deuten die Probleme bei der Durchsetzung ökologischer Konzepte im Umweltschutz an, Detailstudien lassen Skepsis aufkommen. Denn auch in der Landwirtschaft wird die momentane Rentabilität über langfristig ökologisch fundierte Verbesserungen gestellt (PETERSEN 1977, S. 150 f. für die DDR). Immerhin bietet die staatliche Eingriffsmöglichkeit in das Betriebssystem bessere Möglichkeiten, Umweltschäden zu verhindern, als ein rein individualwirtschaftliches System. In der DDR werden aber offensichtlich nur geringe Anstrengungen für einen Umweltschutz in der Landwirtschaft unternommen, obgleich die wissenschaftliche Durchdringung der Probleme ein sehr hohes Niveau erreicht hat. Ähnliches gilt wohl auch für die Sowjetunion, wo die *ovragi,* die Steppenschluchten der Hauptgetreidegebiete, andere Erscheinungen der Bodenerosion und die natürliche oder durch unsachgemäße Bewässerung verursachte Bodenversalzung die wichtigsten Beeinträchtigungen im Süden, unzureichende Bodenentwässerung die Hauptschäden an der landwirtschaftlichen Nutzfläche im Norden darstellen (BREBURDA 1965, 1966, 1973; *Probleme der Bodenerosion in Mittelasien,* 1980; STADELBAUER 1983a, S. 41 ff.). Schutzmaßnahmen werden dort wie auch in der VR China (vgl. ZHAO u. HAN 1981; WIDMER 1981a; im Zusammenhang mit der Siedlungsplanung: E. HAHN 1983) zwar getroffen, doch bleiben sie ungenügend, da die Ansprüche an die Flächennutzung rascher steigen. Offensichtlich besteht zwischen dem hohen Anspruch neuerer Umweltschutzgesetze in allen Staaten einschließlich der VR China und der Beachtung ökologischer Forderungen eine große Diskrepanz.

Der technokratische Fortschrittsglauben hat noch immer ein großes Gewicht, das sich aus dem alten Ziel des Einholens und Überholens der USA herleiten läßt. Nur in wenigen, aber spektakulären Fällen (wie beim Zellulosewerk von Bajkal'sk, vgl. KOMAROW 1979) konnte sich eine beginnende Partizipation, die sich aber auf relativ kleine Intellektuellenkreise — in der Tradition der „*intelligentsia*" des 19. Jahrhunderts — stützt, gegen die Ansprüche durchsetzen, die als 'Wissenschaftlich-technische Revolution' ein zugkräftiges Etikett erhielten. Sonst aber lassen sich die aus westlicher Erfahrung bekannten Zusammenhänge zwischen Industrialisierung, Wirtschaftswachstum und zunehmender Umweltgefährdung auch auf die sozialistischen Staaten übertragen (FÖRSTER 1981).

Immerhin machen die Arbeiten zur Ressourcen- und Umweltproblematik deutlich, daß auch die „reine" *Physische Geographie* in unsere Betrachtung einzubeziehen ist. Wenn klimatologische Ableitungen (GIESE 1969, 1974a, 1981) letzten Endes auch dazu beitragen, agrarwirtschaftliche Regionalprobleme zu verstehen, wenn vergleichende geomorphologische Studien zum Ovrag-Problem (BARISS u. BRONGER 1981) auch eine Trennung natürlicher von anthropogenen Prozessen anstreben, wenn eine spezielle geomorphologische Untersuchung zur quartären Überformung von Vulkanen der einzige hier nachweisbare Beitrag zur Kenntnis Nordkoreas ist (DEMEK 1973), scheint ein *Exkurs* gerechtfertigt.

Obwohl man erwarten könnte, daß ein Physiogeograph – im Gegensatz zum Kulturgeographen, dessen Arbeitsmethoden an Spionage zu grenzen scheinen – auf günstigere Arbeitsmöglichkeiten stößt, widmen sich nur vergleichsweise wenige Arbeiten der physischen Geographie. Die meisten hier zu zitierenden Untersuchungen sind zudem Publikationen, die Fachkollegen aus den sozialistischen Ländern in westlichen Zeitschriften und Sammelbänden möglich wurden. Offensichtlich sind auch für den Physiogeographen westlicher Provenienz die Arbeitsbedingungen in den sozialistischen Staaten keineswegs optimal, wenn Feldforschung betrieben werden soll.

Bei der Geomorphologie standen quartärgeologische Untersuchungen im Vordergrund, die der Analyse von Lößprofilen (für Ungarn bzw. das Karpatenbecken: A. BRONGER 1970, 1970a, 1971, 1976; BRUNNACKER u.a. 1980; vgl. auch zu Lößinsel Susak WEIN 1977; zum Donauraum insgesamt PÉCSI 1980), dem Formenschatz des glazialen und periglazialen Raumes (für Polen: PASIERBSKI 1979 und SEMMEL 1980; für Nordkorea: DEMEK 1973), der pleistozänen Hangentwicklung (für Ungarn: PÉCSI 1970; zur Talasymmetrie im W der ČSSR: CZUDEK 1973), der Entwicklung älterer Böden (VELITCH-

KO u. MOROZOVA 1976), der Entstehung äolischer Sedimente (CAILLEUX 1972) und der Gliederung der Eiszeiten (ČEBOTAREVA 1981 mit einem Plädoyer für eine eigenständige Moskau-Eiszeit) dienten. Eine Tübinger Dissertation griff die Schichtstufenproblematik am Beispiel des heute polnischen Heuscheuergebirges auf (STEINERT 1981) — eine der wenigen originären westlichen Untersuchungen in einem sozialistischen Land. Den Bezug zwischen quartärer Reliefentwicklung und den Möglichkeiten für eine Besiedlung stellen Untersuchungen zu Seespiegelschwankungen und zur Küstenentwicklung am Kaspischen Meer dar (EHLERS 1970, 1971 vor allem für Iran, aber auch mit Blick auf sowjetische Untersuchungen).

Ein Sonderfall ist die physio-geographische und geoökologische Behandlung Hochasiens. Das 1980 in Beijing abgehaltene internationale Symposium über das Qinghai-Xizang-Plateau ermöglichte mit der anschließenden Exkursion einen regionalen Überblick, der auch Fragen der angewandten Geoökologie, d.h. der Landnutzung, der Adaption des Menschen an extreme Lebensräume und der Inwertsetzung natürlicher Ressourcen einbezog (*Geological and Ecological Studies of Qinghai-Xizang Plateau*, Vols. 1-2. 1981, SCHWEINFURTH 1981; HAFFNER 1981). Den methodologischen Rahmen gab hier nicht die Beschäftigung mit gesellschaftlichen und wirtschaftlichen Problemen sozialistischer Länder, sondern die Hochgebirgsökologie ab, so daß sich auch Folgestudien an frühere Arbeiten von HAFFNER, SCHWEINFURTH und UHLIG über den Himalaya anschließen. Dabei gilt zu bedenken, daß sich die internationale Hochgebirgsökologie heute nicht als rein naturwissenschaftliche Teildisziplin versteht, sondern — von den extremen Naturbedingungen ausgehend — Naturraum und Kulturlandschaft in ihren Wechselwirkungen zu erfassen versucht, wie ebenfalls am Beispiel des Hochlandes von Tibet in einem kurzen Überblick gezeigt wird (UHLIG o.J.). Ähnliches gilt für die deutsch-chinesische Expedition in den Kuen-Lun und nach Tibet, über deren erste geomorphologische Ergebnisse KUHLE auf dem Mannheimer Geographentag berichtete (vgl. KUHLE 1982, 1983). Das Interesse der chinesischen Gastgeber an naturwissenschaftlicher Grundlagenforschung und angewandter Physiogeographie ermöglichte diese Untersuchungen, die der klimageomorphologischen Feingliederung, vor allem der vertikalen Anordnung von Höhenstufen charakteristischer Reliefentwicklungsprozesse im zeitlichen Ablauf des Klimawandels nachgehen. Daß der in den letzten Jahren etwas lebhafter gewordene Wissenschaftleraustausch zwischen der Bundesrepublik Deutschland und der VR China auch für unsere Kenntnisse Hochasiens von Bedeutung wurde, zeigt eine pflanzengeographische Darstellung Tibets (ZHENG 1983).

Diese Wissenschaftskontakte ermöglichten auch die Veröffentlichung einer Reihe chinesischer Studien zur Quartärforschung (DUAN, PU u. WU 1980; ZHANG Zunhu 1980), zur Karstmorphologie (ZHANG Zhi-gan 1980), zur Tektonik und ihren Konsequenzen für die Talentwicklung, für die Erdölforschung und für die Nutzung heißer Quellen (LI 1980; AI u. SCHEIDEGGER 1981; SUN, CHEN und GAO 1980; AN 1980). Zur Ergänzung der anwendungsbezogenen geomorphologischen Studie über Schlammströme in Sichuan (LI u. LUO 1981) sei auf die hydrologische Beschreibung der Flüsse Huang-he und Chang-jiang (HENNING 1968; ergänzend zur Hydrotechnik FLESSEL 1974) verwiesen.

Der Ansatz zu dieser Arbeit läßt sich auf die Bonner geographische Schule von C. TROLL zurückführen; im Umkreis dieser aus der Vegetationsgeographie durch Berücksichtigung klimatologischer, geomorphologischer und hydrologischer Faktoren erwachsenen landschaftskundlichen Forschungseinrichtung stehen drei kurze Artikel in der TROLL-Festschrift von 1970, die sich mit der landschaftlichen Höhenstufung der Karpaten (HESS 1970; PLESNIK 1970) und dem Auftreten isolierter Waldinseln in der Tundra als Vorboten einer denkbaren Wiederbewaldung (TOLMATCHEV 1970) befassen. Zwei vergleichbare Übersichten zur dreidimensionalen Vegetationsanordnung in Kaukasien und im Ural (HENNING 1972, 1972a) beruhen zwar überwiegend auf einer Kompilation aus russischen Sekundärquellen, sind aber vom Darstellungsansatz und in der Rezeption von Forschungsergebnissen ebenfalls wichtige Beiträge. Auf eigenen Felderhebungen beruht die Aufnahme von Vegetationsformationen, die EHRIG (1983) für die jugoslawische Adria-Insel Rab vorlegt; unter geoökologischem Frageansatz wird die Vegetation in ihrer raum-zeitlichen Differenzierung vor dem Hintergrund der landschaftlichen Raumgliederung und der anthropogenen Einwirkungen analysiert. Dabei sind die Möglichkeiten einer Aufforstung durchaus positiv zu beurteilen, wenn auch die mit der Aufforstung einsetzende Bodenbildung nur sehr langsam vor sich geht.

Die Vegetationsmonographien zu Nord- und Zentraleurasien (WALTER 1974) und zu Südeuropa (HORVAT, GLAVAČ u. ELLENBERG 1974; vgl. die Karte von GLAVAČ, ELLENBERG u. HORVAT 1972) führen etwas weiter von der Geographie fort, zeigen aber gerade in der Aufarbeitung ausländischer Untersuchungen methodische Eigenständigkeit und den hohen Standard, den die naturwissenschaftliche Forschung z.B. in der Sowjetunion erreicht hat. Klimatologische Studien wurden im Zusammenhang mit der Agrarwirtschaft bereits angesprochen (s.o. Kapitel 2.1.); kleinräumige Klimadarstellungen (BACSÓ 1971 für das Donaugebiet) und rückblickende Analysen der Klimabedingungen (WANG, ZHAO u. CHEN 1981 für China) führen ebenfalls zur Frage, wie sich der Mensch mit seiner natürlichen Umwelt auseinandersetzt. So ist es leicht, den Faden aufzunehmen, der zu einer sozialwissenschaftlichen Betrachtung zurückführt: Die Vegetation hat früher wie heute in vielen Teilen Eurasiens den menschlichen Lebens- und Wirtschaftsraum entscheidend mitbestimmt; die Quartärstratigraphie und die archäologische Erforschung dieser Lebensräume hängen eng zusammen, und auch die historische Entwicklung wird von den natürlichen Rahmenbedingungen mitgeprägt. So ist es nicht abwegig, an diesen naturwissenschaftlichen Exkurs einen Blick auf die historische Geographie anzuschließen.

2.9. Die historische Dimension in der Regionalforschung: historisch-genetische Siedlungs- und Kulturlandschaftsforschung

Ihrer Tradition und Herkunft aus der stark historisch orientierten Osteuropakunde entsprechend, hat die geographische Regionalforschung in sozialistischen Ländern die historisch-genetische Siedlungsforschung immer stark betont. Arbeiten zur Erschließung des Siedlungsraumes (ROSTANKOWSKI 1969), zur Entwicklung der Kulturlandschaft (WÖHLKE 1966, 1970; FÖRSTER 1978), zu einzelnen Siedlungsformen (BEUERMANN 1973; OHNESORGE 1973; ROSTANKOWSKI 1975, 1977a, 1982a; SPERLING 1968, 1982a), zur historisch begründeten Stadtgeographie (KARGER 1968, 1980; GIESE 1980a) oder zur geographisch untermauerten Stadtgeschichte (GOEHRKE 1980) bemühen sich darum, ältere Kulturraumtheorien zu überprüfen und zu modifizieren. So konnte SPERLING (1982a) am Beispiel der Platzdörfer in den Böhmischen Ländern nachweisen, daß eine Zuordnung bestimmter Ortsformen zu ethnischen Gruppen nicht zwingend besteht, sondern daß die herrschaftlich bedingte Ablösung verschiedener Rechtsformen das Siedlungsbild prägte. Ähnliches gilt für die Siedlungsveränderungen in Polen. Am Beispiel mittelasiatischer Städte hat GIESE (1980a) plausibel gemacht, daß Kulturströmungen aus dem vorder- und südasiatischen Raum ebenso wie der kolonialrussische Einfluß im 19. Jahrhundert oder eine an sowjetischen städtebaulichen Leitbildern orientierte Überprägung der jüngsten Gegenwart zusammengenommen werden müssen, um die innere Struktur dieser Städte zu erklären (vgl. auch MÜLLER-WILLE 1978). Einen Beitrag zur historischen Sozialgeographie und Mobilitätsforschung leisten die Kosaken-

studien von ROSTANKOWSKI (1969; LUBER u. ROSTAN-
KOWSKI 1980a). Von der historisch-genetischen Siedlungsforschung führen drei Zweige zu anderen Forschungsfronten:
- die historisch begründete Stadtanalyse ordnet die sozialistische Umgestaltung von Städten in einen kulturhisto-
  rischen Rahmen;
- Entstehung und Umgestaltung ländlicher Siedlungen
  werden in ihrem Zusammenhang mit dem agrarwirtschaftlichen Bewertungswandel gesehen;
- im ländlichen wie im städtischen Raum bemüht sich die
  aktuelle Raumordnungspolitik zeitweise um eine Neugestaltung, zeitweise um eine Bewahrung und Erhaltung, wie sie
  unserer Politik der Stadtsanierung und der Dorfentwicklung
  entspricht (KORNECKI 1980 zu Polen).

In der Vergangenheit war die *historische Siedlungsforschung* in Ostmitteleuropa nationalistisch belastet gewesen;
mittlerweile kann man sagen, daß der wissenschaftliche Kontakt, die gegenseitige Anerkennung ernsthafter Forschungsergebnisse und die Zusammenarbeit in der Internationalen Arbeitsgruppe zum Studium der Agrarlandschaft diese Teildisziplin förderten. Besonders deutlich wird dies an Arbeiten zu
polnischen Siedlungen (KIEŁCZEWSKA-ZALESKA 1979,
1979a). Auch die zahlreichen Untersuchungen zur deutschen
Ostsiedlung müßten eigentlich in diesen Bericht einbezogen
werden. BUCHHOFER (1981, S. 13 ff.) hat auf Wege und Irr-
wege dieser Forschungsrichtung, aber auch auf die Rolle verwiesen, die die deutsche Ostsiedlung für die Entwicklung der
Kulturlandschaft spielte. Stellvertretend für eine Vielzahl von
Arbeiten seien SCHLESINGER (Hrsg., 1975), KUHN (1973,
1974, 1975, 1977) und LUDAT (1982) sowie der Literaturbericht von SCHULZE (1977) als wichtige Exponenten des Be-
mühens genannt, die Siedlungstätigkeit abseits aller nationalpo-
litischen Bewertungen zu erfassen und zu deuten. Der Auswanderung aus dem südlichen Westfalen in das Banat und der Entwicklung ethnosozialer Strukturen innerhalb der Siedlungen ist

TREUDE (1977, 1981) nachgegangen (vgl. zu den Ungarndeutschen auch J. SCHRAMM 1980 und WEIDLEIN 1981).

Auch andere Arbeiten zur historisch-genetischen Siedlungsforschung stehen noch voll in der Tradition der Zwischen- und
Nachkriegszeit und setzen damals begonnene Forschungspro-
jekte fort. Dies gilt beispielsweise für den *Historischen Atlas
des Preußenlandes* (MORTENSEN u.a., Hrsg., Lfg. I, 1968 ff.)
oder von Brandenburg und Berlin; in diesem Rahmen hat A.
KRENZLIN im Anschluß an frühere Arbeiten die Siedlungs-
und speziell Flurformen sowie die naturräumlichen Grundlagen für eine wirtschaftliche Inwertsetzung dargestellt und
grundherrschaftliche Einflüsse auf die Siedlungsgestaltung untersucht (A. KRENZLIN 1976, 1979, 1980; vgl. auch LEI-
STER 1976, 1978). Da hier die Frage der Siedlungen in der
deutsch-slawischen Kontaktzone aufgeworfen wird (KRENZ-
LIN 1980), müßten außer der genannten Arbeit von SPER-
LING (1982a) auch die Untersuchungen zum Rundlingspro-
blem angeführt werden. Mit diesen Arbeiten werden bereits
Kernthemen der historisch-genetischen Siedlungsforschung in
Mitteleuropa angesprochen. Das für Mitte der 80er Jahre geplante mehrbändige *Handbuch der Siedlungsgeschichte Mittel-
europas* verfolgt diese Aspekte weiter und wird die ost- und
südosteuropäischen Nachbarräume aufgrund jüngerer Detailstudien hier wie dort in ihren gegenseitigen Überschichtungen,
Durchdringungen und Verflechtungen sehen.

Fragt man nach den Gründen, die die genetische Siedlungsforschung in sozialistischen Ländern begünstigte, so ist weniger
an den Zugang zu Primärquellen zu denken, die in staatlichen
Archiven meist nur sehr schwer zugänglich sind. Aber die Rezeption siedlungsarchäologischer Forschungsergebnisse, die
Auswertung historischen Kartenmaterials, ferner Impulse, die
von der westlichen Wüstungsforschung kamen (vgl. R.E. LOB
1972 für die ČSSR; GOEHRKE 1968 für Rußland) und die
Analogie zu den jüngsten, agrarökonomisch und agrarpolitisch
bedingten Wandlungen im ländlichen Siedlungswesen förderten

diesen Ansatz besonders. Es kann allerdings auch nicht von der Hand gewiesen werden, daß die Schwierigkeiten, vor die sich die aktualgeographische Forschung gestellt sieht, das Ausweichen in historische Fragestellungen gefördert hat (vgl. z.B. KARGER 1963).

Allerdings entspricht die Ausweitung regionalgeographischer Studien in die historische Dimension auch der Tradition *genetischer Kulturlandschaftsforschung*, wie sie der Osteuropakunde durch die Nähe zu den historischen Wissenschaften schon in der Zwischenkriegszeit eigen war, und wie sie der Ostasienforschung durch die Konzeption von Kulturerdteilen (KOLB 1963) oder durch die Analyse geomantischer und kulturhistorischer Elemente − unter Einschluß der staatlichen Raumwirksamkeit − nahegelegt wurde (SCHWIND 1971). Die erste größere, auf Feldforschungen beruhende Untersuchung zu Polen, die in der Nachkriegszeit durchgeführt und fertiggestellt wurde, knüpfte konzeptionell zweifellos an die Forschungen von MORTENSEN zu Ostpreußen und Litauen an, profitierte aber auch von der Tauwetterperiode Ende der 50er Jahre (WÖHLKE 1966): Eine Querschnittanalyse für die Zeit um das Jahr 1800 zeigt das Land zwischen Masuren und Bug als wenig entwickelten peripheren Raum; von dort werden Entwicklungslinien bis in die 50er Jahre aufgezeigt. Den Einfluß der unterschiedlichen staatlichen Ordnungen in Böhmen rückt die kulturlandschaftsgenetische Untersuchung des vielgestaltigen, nicht auf das Braunkohlenrevier reduzierbaren Raumes in den Vordergrund (FÖRSTER 1978). Am Beispiel Turkmeniens wird der Eisenbahnbau als eine bedeutende staatliche Initialleistung und als Dominante der kulturlandschaftlichen Entwicklung in den letzten hundert Jahren untersucht (STADELBAUER 1973).

Diese drei Studien führen von der historisch fundierten Kulturgeographie zu umfassenderen länderkundlichen Analysen weiter.

68

2.10. Länderkundliche Darstellungen

Obwohl die geographische Länderkunde spätestens auf dem Kieler Geographentag 1969 bei der jüngeren Generation in Verruf geraten ist, fehlt es doch nicht an Versuchen, auch die Ergebnisse von Einzelstudien im synthetischen Zusammenblick zu erfassen. Berücksichtigt man die für die ausgewählten Themenbereiche aufgeführten Analyseprobleme, dann wird eine länderkundliche Darstellung eines sozialistischen Landes heute nur unter zwei Prämissen möglich sein:

– Die Länderkunde orientiert sich an spezifischen Problemen des Raumes und versucht gar nicht erst eine ohnehin nicht sinnvoll erreichbare enzyklopädische Vollständigkeit.

– eine Länderkunde kann nur zum Teil – und zwar meist zu einem vergleichsweise geringen Teil – auf eigenen Forschungsergebnissen beruhen, sondern muß zum großen Teil Rezeption betreiben.

Die Durchsicht der einzigen einigermaßen gleichgewichtigen Darstellung unseres Berichtsraumes (in: *Europa*, 1978) zeigt, daß tatsächlich die genannten Themenbereiche, die die Hauptakzente für die Regionalforschung abgeben, auch in der zusammenfassenden Darstellung im Vordergrund stehen. In unterschiedlicher Weise treten sie auch bei anderen Länderkunden hervor: Für die DDR (ECKART 1981) wird der agrarwirtschaftlichen Modernisierung breiter Raum geschenkt, bei Polen (WÖHLKE 1976; BUCHHOFER 1981; ECKART 1983) stehen historisch-politische Einflüsse auf die Kulturlandschaftsentwicklung und die Folgen einer auf Industrialisierung abzielenden Raumordnungspolitik im Vordergrund. Die von SPERLING (1981) vorgelegte Länderkunde der ČSSR widmet sich ausführlich der Kulturlandschaftsgenese, während eine von FÖRSTER angekündigte Veröffentlichung die moderne Sozial- und Wirtschaftsentwicklung hervorheben wird (vgl. KARGER u. SPERLING 1980, S. 750). Für Jugoslawien (BÜSCHEN-FELD 1981) werden die Einbindung von Lebens- in Naturräu-

69

me und die Folgen der geschichtlichen Entwicklung zum Viel-
völkerstaat betont. Auch die länderkundlichen Darstellungen
zur Sowjetunion (KARGER 1970, 1978a, 1979; WEIN 1983a)
heben auf historische Prägung, wirtschaftspolitische Überformung und regionale Differenzierungen ab. Dem theoretischen
Ansatz der Überwindung von Unterentwicklung auf sozialisti-
schem Weg fühlen sich Darstellungen der VR China verpflich-
tet (DÜRR 1978, vgl. CHEN 1977).

Die auffällige Häufung von länderkundlichen Publikationen
Ende der 70er und zu Beginn der 80er Jahre entspricht wohl
der Verlagspolitik (die durch das Nebeneinander mehrerer länderkundlicher Reihen angedeutet wird und die sich an der
Nachfrage der Öffentlichkeit, aber auch der Schule orientiert),
reflektiert aber auch, daß die westliche Regionalforschung über
die sozialistischen Länder einen Schritt vorwärts gekommen
ist und sich an eine zusammenfassende Deutung der Forschungsergebnisse wagt. Diese Zielsetzung einer problemorien-
tierten Länderkunde wird besonders deutlich beim Vergleich
der neueren Zusammenfassungen mit den ebenfalls in den Berichtszeitraum fallenden Länderkunden zur Sowjetunion
(MELLOR 3. Aufl. 1976) und zur ČSSR (SEDLMEYER
1973a), die eher einen beschreibenden Gesamtüberblick als
eine problemorientierte Analyse anstreben.

Staatenübergreifende Aspekte, die — wenn auch nicht unbedingt so motiviert — einem länderkundlichen Vergleich oder
der Analyse größerer Raumeinheiten dienen sollen, sind mehrfach behandelt worden. Besondere Bedeutung haben dabei die
südlichen Grenzgebiete unseres Berichtsraumes, wo sich der
heute von sozialistischen Staaten eingenommene Raum mit
traditionellen Kulturraumgrenzen islamisch-orientalischer Be-
einflussung eng verzahnt. Dies gilt für die westliche Peripherie
des osmanischen Islam auf der Balkan-Halbinsel (hier müßten
zahlreiche überregionale Studien zu Jugoslawien angeführt werden) oder auch für Mittelasien (WIEBE 1977). Mit deutlichem
Rückgriff auf Ansätze der politischen Geographie untersucht

70

KOLB (1983) das Konfliktpotential des Fernen Ostens, in dem sich Interessen der Sowjetunion, der VR China und Japans überlagern; einerseits ist dieser Konflikt historisch angelegt, andererseits hat auch die politische Entwicklung der Nachkriegszeit die Spannungen nicht abbauen können.

Auf die Untersuchungen, die kleineren Räumen gewidmet sind, braucht hier nicht im einzelnen eingegangen zu werden. Für sie gilt der Problembezug noch deutlicher, selbst wenn traditionelle länderkundliche Inhalte vermittelt werden. Die meist den kulturlandschaftsgenetischen Aspekt stark betonenden Studien zu Nordböhmen (FÖRSTER 1978), Oberschlesien (BUCHHOFER 1976), Turkmenien (STADELBAUER 1973), Nordostpolen (WÖHLKE 1966, allerdings für einen zwei Jahrzehnte zurückliegenden Zeitraum, aber in den Kernaussagen noch aktuell) und den Kleinen Karpaten (RUNGALDIER 1976) werden durch eine Vielzahl kleinerer Skizzen zu Bezirken der DDR (TOPEL 1974, 1977; GÜLKER 1980), den Wirtschaftsgroßregionen der Sowjetunion (BARTH 1980) und anderen Teilräumen (z.B. DÖRRENHAUS 1971 zu Ragusa; MANSKE 1973 und 1973a zum Neretva-Delta; WEIN 1973 zu den Kvarner Inseln; LECHLEITNER 1979 mit einer Exkursionsbeschreibung für die Slowakei) ergänzt. Dennoch kann nicht gesagt werden, daß unser Bild auch nur annähernd vollständig ist!

Einen mindestens ebenbürtigen Rang wie länderkundliche Gesamtdarstellungen nehmen komplexe Regionalatlanten ein; dem vor dem Berichtszeitraum erschienenen *Atlas Östliches Mitteleuropa* (KRAUS u.a., Hrsg., 1959) stellt das Österreichische Ost- und Südosteuropa-Institut Wien einen internationalen *Atlas der Donauländer* (Lfrg. 1 ff., 1970 ff.) an die Seite, der auf flächendeckenden Recherchen beruht und zugleich das Fundament für weitere Untersuchungen abgeben wird.

2.11. Zusammenfassung: Wege der geographischen Regionalforschung über sozialistische Länder

Vergleicht man überschlägig die in den vorangehenden Abschnitten aufgezeigten Ansätze und Analysen mit den Schwerpunkten geographischer Forschung im westlichen deutschsprachigen Raum, so ist vordergründig eine Übereinstimmung unverkennbar. Die meisten Themen, die für Fachsitzungen der Geographentage seit Ende der 60er Jahre vorgesehen waren, finden sich auch in den Arbeiten über Osteuropa und Osteurasien wieder. Die Ansätze, die für die Untersuchungen gewählt wurden, spiegeln den methodischen Pluralismus des Faches wider. Auch hat sich die deutschsprachige Regionalforschung über sozialistische Länder in den 70er Jahren bemüht, den Paradigmenwandel der westlichen Geographie aufzugreifen und nachzuvollziehen, um die Forschungsfronten der allgemeinen Regionalforschung zu erreichen.

Allerdings bedingt das Bemühen um eine Sache nicht notwendigerweise den Erfolg. Der eben angesprochene Vergleich unseres Berichtsinhaltes mit dem, was als repräsentativ für geographische Forschung gelten darf, zeigt auch deutliche Residuen. Entweder wurden „Umwege" der Forschung nicht nachvollzogen, oder aber es bestehen Forschungsdefizite, aus denen sich Desiderata ableiten lassen. Daher soll sich ein weiterer Abschnitt mit Forschungsansätzen, methodischem und arbeitstechnischem Zugang, aber auch mit offenkundigen Mängeln befassen.

Noch ein zweiter Gesichtspunkt verdient hervorgehoben zu werden. Die Auflistung der einzelnen Arbeiten hatte sich bemüht, die innere Verbindung der Einzelthemen untereinander herauszuschälen, ebenso die enge Verbindung zu Nachbardisziplinen. Weder ist die regionalgeographische Osteuropa- und Ostasienforschung durch länderkundliche Schubkastenordnungen zu erfassen, noch verzichtet sie auf den Kontakt zu anderen Disziplinen, die sich ebenfalls diesem Raum widmen. Es ist zu fragen, ob sich daraus ein spezifischer, regionsbezogener Ansatz ergibt, und es muß das regionale Forschungsfeld durch nicht-geographische Zugänge erweitert werden.

Es zeigt sich auch, daß die verschiedenen sozialistischen Länder in der westlichen, deutschsprachigen Fachliteratur recht unterschiedlich vertreten sind. Berücksichtigt man die im Literaturverzeichnis aufgeführten Arbeiten, so zeigt sich eine weitgehende Übereinstimmung mit den Nachweisen in den beiden Bibliographien von ROSTANKOWSKI, DEGENHARDT und LIEBMANN (1978) sowie ROSTANKOWSKI, LUBER und KRÜGER (1982), in denen auch französisch- und englischsprachige Literatur erfaßt wird. Abweichungen ergeben sich vor allem, wenn in den sozialistischen Staaten selbst in westlichen Sprachen publiziert wird, wie es vor allem in Polen und Ungarn der Fall ist. Die weitaus meisten Arbeiten wurden zur Sowjetunion vorgelegt, während Bulgarien, Albanien und die kleineren sozialistischen Staaten in Asien Stiefkinder der deutschen Geographie blieben. In der zeitlichen Staffelung markieren die Jahre 1970, 1973 und 1978 für mehrere Länder eine Zunahme an Veröffentlichungen. Das mag ein Zufall sein, könnte im Einzelfall auch auf persönliche Aktivitäten einzelner Wissenschaftler zurückgehen, hängt sicher aber auch mit der politischen Situation zusammen. Manche Staaten kommen geradezu „in Mode" — vor allem dann, wenn nach jahrelanger Abgeschlossenheit eines Gebietes nach außen sich ein erhöhter Nachholbedarf angestaut hat. Besonders deutlich wurde dies bei der Öffnung der VR China Ende der 70er Jahre. Dies macht einmal mehr darauf aufmerksam, daß politisch bedingte Zugangssperren generell die Regionalforschung über sozialistische Länder hemmen.

3. KONTAKTE ZU OSTEUROPÄISCHEN GEOGRAPHEN UND ZU NACHBARWISSENSCHAFTEN

Gegenüber dem eingangs formulierten Vorhaben, die Ergebnisse der westlichen, deutschsprachigen geographischen Regionalforschung über sozialistische Länder zu referieren, mag der bisherige Überblick unaufrichtig erscheinen; denn weder ist oder war jeder zitierte Autor „Geograph", noch beschränkt sich die Berichterstattung auf westliche Autoren. Nicht in der geographischen Disziplin tätige Regionalforscher wurden ebenso erfaßt wie Kollegen aus dem Ausland, denen der Zugang zu deutschen Publikationsorganen möglich wurde. Diese Tatsache deutet bereits an, daß die geographische Regionalforschung sich um Kontakte nach außen bemühte und bereit war und ist, Ergebnisse von Nachbardisziplinen ebenso wie solche ausländischer Kollegen zu rezipieren.

3.1. Der Beitrag von außen: Publikationen von Autoren aus sozialistischen Ländern in deutschsprachigen Veröffentlichungen

Publikationen ausländischer Fachkollegen und Experten über regionalgeographische Fragen der sozialistischen Länder in westdeutschen Zeitschriften sind selten geworden. Dabei ist unumstritten, daß solche Publikationen das Informationsdefizit bei uns etwas ausgleichen und eine methodische Diskussion initiieren könnten. Freilich fehlen solche Arbeiten nicht vollständig. Doch entweder handelt es sich um allgemein gehaltene Übersichtsdarstellungen oder um Forschungsberichte, selten um datenmäßig vertiefte Analysen. In den 60er Jahren waren noch einige Artikel führender Geographen aus der DDR in westdeutschen Zeitschriften und Sammelbänden veröffentlicht worden, in den 70er Jahren einige auf beginnender Zusammenarbeit beruhende Darstellungen polnischer Kollegen, z.T. unter Mitautorschaft westdeutscher Geographen (BAHRENBERG u. ŁOBODA 1973; LESZCZYCKI 1974; BARBAG 1974; OLSZEWSKI 1978). Für die 70er Jahre stellt die enge Zusammenarbeit des Instituts für Wirtschaftsgeographie an der Universität München mit jugoslawischen, aber auch einigen anderen südosteuropäischen Kollegen die wichtigste Ausnahme dar. Gemeinschaftlich erarbeitete Sammelbände zur Geographie des ländlichen Raumes, zur Almgeographie, zu Urbanisierungs- und Industrialisierungsfragen, zur Fremdenverkehrsgeographie seien beispielhaft genannt. In ihnen dokumentiert sich der gegenseitige Gedanken- und Methodenaustausch. Zugleich zeigt sich in diesen Arbeiten die Wirksamkeit interdisziplinärer Institutionen wie etwa des Münchner Südosteuropa-Instituts.

Die österreichische Geographie, die zahlreiche Artikel von Geographen aus Ostmitteleuropa und Südosteuropa vor allem in den *Mitteilungen der Österreichischen Geographischen Gesellschaft* und in den *Wirtschaftsgeographischen Studien* abdruckt, zeigt sich wesentlich weniger vorbelastet als die westdeutsche Geographie. Offensichtlich wirkt sich der politische Status des geteilten Deutschland und vor allem die bei allen Kontakten strittige Frage einer Einbeziehung West-Berlins negativ aus. Dies zeigt sich auch in der Zusammenarbeit auf den Deutschen Geographentagen. 1967 mußte in der Eröffnungsansprache zum 36. Geographentag in Bad Godesberg erstmals mit Bedauern vermerkt werden, daß Geographen aus der DDR die offizielle Teilnahme verwehrt blieb (MEYNEN 1969, S. 35). Bei den folgenden Geographentagen konnten zwar mehrfach Geographen aus der DDR begrüßt werden (und an der besonderen Herzlichkeit dieser Begrüßung darf kein Zweifel bestehen), doch handelte es sich meist um „inoffizielle" Teilnahmen, die nur im Rahmen der restriktiven Rentnerreisebestimmungen möglich geworden waren. Es steht außer Zweifel, daß die politisch erzwungene Erschwerung wissenschaftlicher Kontakte zwischen den Geographen der beiden deutschen Staaten auch eine Belastung für die westliche Regionalforschung in sozialistischen Ländern ist!

Allerdings soll das Positive nicht übergangen werden: Rund zwanzig Fachkollegen aus sozialistischen Ländern publizierten im Berichtszeitraum in westlichen, deutschsprachigen Organen. Immer wieder sind durch die Bewilligung von Studienaufenthalten und durch Einladungen persönliche Kontakte und Gespräche zustande gekommen, die im einzelnen viele Untersuchungen überhaupt erst ermöglichten. Auf offizieller Ebene wurden Schulbuchgespräche mit polnischen Geographen geführt und zu einem wenigstens vorläufigen Abschluß gebracht (vgl. *Empfehlungen für Schulbücher der Geschichte und Geographie in der Bundesrepublik Deutschland und in der Volksrepublik Polen*, 1977; MERTINEIT 1976; WÖHLKE 1981). Vorgespräche zwischen sowjetischen und deutschen Geographen fanden im Herbst 1983 statt. Es wäre wünschenswert, wenn beide Wege, der der persönlichen Kontakte und der von offiziellen Gesprächen — so schwierig sie im einzelnen auch sein mögen! — weiterverfolgt würden.

Nicht nur Geographen aus sozialistischen Ländern kommen in westlichen Zeitschriften zu Wort, auch andere Fachleute erweitern das Publikationsspektrum. So ergänzen z.B. mehrere in Zusammenarbeit mit ostmitteleuropäischen Forschungsinstituten und mit Wirtschaftsverbänden entstandene Artikel zu Verkehrsfragen (MÖHRMANN 1977; WOJEWODKA 1978; ZALESKI 1977) eine aus ungarischer Sicht verfaßte Analyse der möglichen Bedeutung des Rhein-Main-Donau-Kanals (KOROMPAI 1977).

Der Zusammenhang von Ostkontakten mit politischen Entwicklungen zeigt sich besonders deutlich am Beispiel der VR China. Hier führte zu Beginn der 80er Jahre der neugewonnene Zugang zur VR China zu einigen Gemeinschaftsarbeiten (LU u.

KOLB 1982) und zu Publikationen chinesischer Fachleute in westlichen Zeitschriften (AN 1980; DUAN, PU u. WU 1980; LI 1980; SUN, CHEN u. GAO 1980; ZHANG Zhi-gan 1980; ZHANG Zunhu 1980; ZHAO u. HAN 1981; ZHENG 1983).

Bedauerlich gering sind, wie schon angedeutet wurde, die Kontakte zur Geographie in der DDR. Gleichwohl gehört die Rezeption von Forschungs- und Übersetzungsarbeiten aus der DDR zum Handwerkszeug der westlichen Regionalforschung. Dabei zeigt sich, ohne daß hier im einzelnen darauf eingegangen werden soll, zwar ein unbestreitbarer Vorsprung beim Zugang zum offiziellen und halboffiziellen Schrifttum, doch unterliegt die Publikationstätigkeit der Fachkollegen aus der DDR (wie auch in den meisten anderen sozialistischen Staaten) einer Kontrolle, durch die kleinräumige Detailanalysen wieder in ihrem Aussagewert eingeschränkt werden. Dennoch gehören die umfangreichen Gesamtdarstellungen zur Physischen und zur Kulturgeographie der UdSSR (FRANZ 1973; GERLOFF u. ZIMM 1978) zu den unverzichtbaren Handbüchern. Als junge Gemeinschaftsarbeit zwischen der DDR und der Sowjetunion verdient schließlich der *Atlas zur Interpretation aerokosmischer Multispektralaufnahmen* (1982) Erwähnung, der an ausgewählten Raumbeispielen (vornehmlich aus Mittelasien, Sibirien und der nördlichen DDR) den Stand der Fernerkundung in Osteuropa dokumentiert und über Interpretationsansätze sowohl einen methodischen wie sachlichen Zugang vermittelt, der bei der Deutung von Landsat-Aufnahmen aufgegriffen werden sollte. Gerade für den deutschsprachigen Bereich sind die Veröffentlichungen aus der DDR eine unschätzbare Ergänzung auf allen Gebieten der Regionalforschung. Dies gilt für die Darstellungen der DDR (*Ökonomische Geographie der Deutschen Demokratischen Republik*, 3. Aufl. 1977; *Die Bezirke der Deutschen Demokratischen Republik*, 1974; KOHL, MARCINEK u. NITZ 1978) oder anderer sozialistischer Länder ebenso wie für das geographische Schrifttum in Fachzeitschriften (*Petermanns Geographische Mitteilungen, Geographische Be-*

richte), für die Arbeiten der Hochschule für Ökonomie „Bruno Leuschner" ebenso wie für die deutschen Übersetzungen sowjetischer Originalartikel (besonders in der Übersetzungszeitschrift *Sowjetwissenschaft: Gesellschaftswissenschaftliche Beiträge*, die die in der UdSSR erscheinende, deutschsprachige Zeitschrift *Gesellschaftswissenschaften* – seit 1975 vierteljährlich – ergänzt). Zwar wird auch in Polen und Ungarn ein beträchtlicher Teil des wissenschaftlichen Schrifttums in westlichen Sprachen, meist in Englisch, veröffentlicht, doch eröffnen die ostdeutschen Fachorgane eine besonders reiche Informationsquelle, die das oben angesprochene Defizit in westlichen Veröffentlichungen etwas ausgleicht und eine umfassende Rezeption ermöglicht. Es kann allerdings nicht Aufgabe dieses Berichts sein, die in der DDR erschienenen regionalgeographischen Arbeiten ausführlich zu würdigen (vgl. SPERLING 1978 mit reichhaltigen Nachweisen der Literatur zur DDR).

3.2. Der Beitrag der „nicht-geographischen" Forschung für die regionalgeographische Arbeit

Die geographische Regionalforschung stand im Berichtszeitraum auch in engem Kontakt zu Nachbarwissenschaften. Es beruht zweifellos auch auf der Struktur der deutschen Osteuropa-Institute, daß die Wechselbeziehungen mit den historischen und den Wirtschaftswissenschaften am engsten waren und sind. Die folgenden Hinweise müssen sich auf einige wenige Arbeiten beschränken, die aber die Vielseitigkeit regionaler Forschung verdeutlichen und damit auch das Umfeld geographischer Tätigkeit abstecken.

Die enge Beziehung zu den *Geschichtswissenschaften* (vgl. den Bericht von MARTINY 1980) zeigt sich nicht nur in den schon erwähnten Arbeiten zur historischen Geographie oder in der Tatsache, daß zahlreichen regionalgeographischen Arbeiten ein historischer Ansatz zugrundeliegt, sondern auch in der Rezeption von Forschungsergebnissen der Historiker. Jüngere Arbeiten zur Stadtgeschichte (LUDAT 1973; HAUMANN 1979; GOEHRKE 1973, 1980; ZERNACK 1978), zur Wirtschafts- und Sozialgeschichte des ländlichen Raumes (GOEHRKE 1964; STÖKL 1975; zu Stadt-Land-Beziehungen MEYER 1974 mit regionalen Hinweisen; laufendes Forschungsprojekt von HAUMANN/Freiburg), zur Geschichte der sowjetischen Industrialisierung (HAUMANN 1974 u. 1980, WEISSENBURGER 1983), aber auch zu staatlichen Einflüssen auf die Gestaltung der Kulturlandschaft (also zur „raumwirksamen Staatstätigkeit" nach dem von K.-A. BOESLER geprägten Begriff) (HAUMANN 1974, 1980) und zur Raumerschließung (GUNIA 1974) verdienen Beachtung durch die entsprechenden Arbeitsansätze in der Geographie. Für die Siedlungsgeschichte Polens ist die von BAIER (1980) vorgenommene Analyse der preußisch-deutschen Siedlungspolitik zwischen 1886 und 1930 von Bedeutung (wenn auch — nach der Besprechung von BUCHHOFER in *Geolit* 1982, S. 174 — die Deutung der Gebietsverluste Deutschlands im Osten als Resultat einer verfehlten Siedlungspolitik fragwürdig erscheint).

Einen anderen Ansatz wählte der Freiburger Osteuropa-Historiker G. SCHRAMM zur Erhellung ethnisch-politischer Umschichtungen, die im Zuge verschiedener Völkerwanderungen das weitere Umfeld des östlichen Mittelmeeres vom Donauraum bis zum Kaukasus erfaßten. Von einer Analyse der Hydronyme ausgehend, versucht er eine Zuordnung ethnischer Gruppen zu verschiedenen Natur- und Lebensräumen (1971, 1973, 1974, 1981). Das Ziel dieser Untersuchungen ist es, ergänzend zu den archäologischen Funden, wie sie z.B. der Skythen-Untersuchung von R. ROLLE (1979 und 1980) — ebenfalls mit engem Bezug zu den Landschaftszonen — zugrundeliegen, mit den Methoden der Philologie etwas mehr Licht in das Dunkel der an schriftlichen Quellen zu armen Frühgeschichte Osteuropas zu bringen. Für den Geographen sind diese Untersuchungen von Wert, weil sie einen Beitrag zur Siedlungs- und

Erschließungsgeschichte leisten und die bisherigen, eher spekulativen Überlegungen überwinden helfen. Engen Bezug zur Geographie zeigen die beiden Arbeiten von GOEHRKE (1970, 1976), die die geographischen Grundlagen der russischen Geschichte behandeln; auch die vorbereitende Studie für eine Regionalismusuntersuchung (GOEHRKE 1978) steht zwischen Regionalforschung und Geschichte.

Die sich sprachlich anbietenden Kontakmöglichkeiten zur Slawistik und den anderen auf unseren Berichtsraum bezogenen *Sprach- und Literaturwissenschaften*, die für historisch-geographische Ansätze bedeutsam sein könnten, wurden bisher — soweit zu überblicken — offensichtlich von beiden Seiten noch nicht genutzt (vgl. aber zur Interpretation aus der Sicht des Historikers z.B. SCHRAMM 1974/75).

Den *Bevölkerungs- und Sozialwissenschaften* verdankt die Regionalforschung u.a. eine erste Rezeption von Ergebnissen der verspätet in den sozialistischen Staaten aufgegriffenen empirischen Sozialforschung (AHLBERG, Hrsg., 1969). Auf die zahlreichen Untersuchungen zu Nationalitäten- und Minderheitenproblemen wurde bereits verwiesen (vgl. Kapitel 2.4.); sie knüpfen in der Regel an historische Fragestellungen an, wobei die Bevölkerungsentwicklung in ehemals deutsch besiedelten Räumen Ostmitteleuropas durch das vierbändige Werk von BOHMANN (1969-1975) eine besonders umfangreiche Darstellung fand. Untersuchungen zur Arbeitskräfteproblematik und zur Bevölkerungsmobilität in der Sowjetunion (B. KNABE 1975, 1975a, 1976, 1978) sind auch von geographischer Seite aufgegriffen worden. Für die Deutung der Wirtschaftsstruktur Jugoslawiens ist die Arbeiterselbstverwaltung besonders wichtig (HAMEL, Hrsg., 1974; LEMÂN 1976; GRAMATZKI u. LEMÂN 1977). Aus dem Umfeld der Politischen Wissenschaften kommen vor allem die verschiedenen Handbuchreihen, die unter dem Aspekt des Systemvergleichs eine Zusammenschau unserer Kenntnisse über Land, Wirtschaft, Gesellschaft und Politik versuchen (vgl. z.B. K.-D. GROTHUSEN, Hrsg., 1975,

1977; KERNIG, Hrsg., 1966/72; *Polen*, 1976; *Tschechoslowakei*, 1977; *Sowjetunion*, 1979; *DDR Handbuch* 1979).

Beachtung verdienen *rechtswissenschaft*liche Ansätze, die für eine sozialgeographische Interpretation der veränderten Eigentums- und Besitzverhältnisse größte Bedeutung haben. Für die DDR ist dieser Komplex von HOFFMANN (1977, 1978, 1978a), für Polen von HEGENBARTH u. SCHINKE (1973), für die ČSSR von HUŇÁČEK u. SCHINKE (1973) aufgearbeitet worden. Die Bedeutung rechtlicher Normen für die Gestaltung der Kulturlandschaft wird sowohl bei einer Interpretation der Verfassungstexte auf gesamtstaatlicher Ebene (vgl. z.B. die Sammlung von BRUNNER u. MEISSNER 1980, für die Sowjetunion *Handbuch der Sowjetverfassung,* 1983) wie bei der Deutung von einzelbetrieblichen Statuten (z.B. zum vierten sowjetischen Kolchozstatut; BRUNNER u. WESTEN 1970; WÄDEKIN 1974, S. 57 ff.) deutlich.

Im Bereich der *Wirtschaftswissenschaften* (vgl. THALHEIM 1980) stellte sich angesichts der betriebsstrukturellen Veränderungen, die die Kollektivierung mit sich brachte, der Kontakt zur Agrarwissenschaft als besonders fruchtbar heraus. Es ist müßig, die *Gießener Abhandlungen zur Agrar- und Wirtschaftsforschung des europäischen Ostens* einzeln aufzuführen (dazu WÄDEKIN 1980), die in Gesamtüberblicken oder Einzelstudien die von Staat zu Staat unterschiedliche Entwicklung von kollektiver, staatlicher und auch privater Landwirtschaft nachzeichnen. Diese Arbeiten sind auch für die agrargeographische Analyse unverzichtbar. Besondere Resonanz haben die zahlreichen Arbeiten von K.-E. WÄDEKIN (besonders 1974, 1978) gefunden, die einen räumlich differenzierten Überblick anstreben und auch den sozialen Wandel einbeziehen.

Grundlegend ist die Darstellung des sowjetischen Wirtschaftssystems durch NOVE (1982). Der Autor knüpft an frühere Veröffentlichungen an, berücksichtigt aber auch die durch die zaghaften Wirtschaftsreformen seit Mitte der 60er Jahre erfolgten Wandlungen, die in dem von W. MARKERT herausgegebenen Sammelband (*Sowjetunion. Das Wirtschaftssystem,* 1965) noch nicht ausgeführt werden konnten. Die Reformen in der VR China nach Mao Zedong fassen BRAUMANN, GRANSOW, PETERS, REHN und SCHÄDLER (1983) zusammen. Unter dem Gesichtspunkt der Leistungsfähigkeit wurde das polnische Wirtschaftssystem (GABRISCH 1981), unter wirtschaftspolitischen Aspekten das der DDR analysiert (GUTMANN, Hrsg., 1983). Einen aktuellen Überblick gibt der Sammelband von HÖHMANN (Hrsg., 1983).

Für die Industrie- und Energiewirtschaft liegen sowohl kompendienhafte Materialsammlungen (z.B. aus dem HWWA-Institut für Wirtschaftsforschung — Hamburg; vgl. CLEMENT 1974; BÖHM 1981; *Die wirtschaftliche Entwicklung in ausgewählten sozialistischen Ländern Osteuropas zur Jahreswende 1981/82,* 1982) wie auch Einzelstudien aus den Osteuropa-Instituten vor (GUMPEL 1970; ZOTSCHEW 1972; PERNACK 1972). Probleme der wirtschaftlichen Entwicklung in der Sowjetunion stehen im Mittelpunkt von zwei Sammelbänden, welche die ausführlichen Fassungen von Vorträgen auf dem Zweiten Weltkongreß für Sowjet- und Osteuropastudien wiedergeben (*Wirtschaftsprobleme Osteuropas in der Analyse,* 1982; *Modernisierungsprobleme in der Sowjetunion,* 1982). Für die VR China sind neben der umfangreichen Analyse von KRAUS (1979) mehrere Untersuchungen aus dem Hamburger Ostasien-Institut auch für den Geographien wichtig (MACHETZKI 1980).

Fruchtbare interdisziplinäre Zusammenarbeit ergab sich auch im Rahmen der von der Deutschen Forschungsgemeinschaft geförderten *Sonderforschungsbereiche* (SFB). Während der SFB 19 („Tübinger Atlas des Vorderen Orients") die orientalisch-islamisch überprägten Gebiete der sozialistischen Länder bewußt ausklammert, brachte der SFB 10 („Die Sowjetunion und ihr Einflußbereich seit 1917") regionalwissenschaftlich wichtige Ergebnisse. Die Untersuchung von C.C. LIEB-

MANN (1981) wird durch die historische Analyse wirtschaftspolitischer Entscheidungsprozesse ergänzt, welche dem Ural-Kuznecker Kombinat als erstem Ansatz eines großräumigen Industrieverbundes zugrundelagen (T. KIRSTEIN 1979).

3.3. Zusammenfassung

Naturgemäß konnte der Hinweis auf das personelle und fachliche Umfeld der westlich-deutschsprachigen geographischen Regionalforschung in sozialistischen Ländern nicht so breit angelegt werden wie der voranstehende Überblick über geographische Arbeiten. Obwohl die gegenseitige Rezeption bei weitem nicht das Ausmaß hat, welches wünschenswert wäre und welches am ehesten dort besteht, wo institutionelle Voraussetzungen gegeben sind, ist das Ergebnis positiv. Vielleicht sind es gerade die die gesamte Forschung über sozialistische Länder kennzeichnenden Schwierigkeiten, welche auch interdisziplinäre Ansätze förderten.

Die Regionalforschung über sozialistische Länder bemüht sich also um einen engen Kontakt und die Zusammenarbeit mit Nachbardisziplinen. Je nach spezieller Fragestellung beruhen die Forschungsergebnisse auf der interdisziplinären Zusammenarbeit mit Historikern, Wirtschaftswissenschaftlern, Rechtswissenschaftlern, Soziologen oder auch Naturwissenschaftlern.

Diese engen Kontakte bewirken auch, daß ein interdisziplinärer Methoden- und Arbeitstechnikenaustausch zustandekommt, der die Gefahr in sich birgt, daß der Geograph bisweilen „fremdgeht" und sich auf ein Terrain begibt, das nicht seinem originären Forschungsfeld entspricht. Doch bemißt sich der Wert von Forschung letztlich − über alle z.T. künstlichen Fachgrenzen hinweg − am Erkenntnisgewinn, der Theorie, Methodik und Regionalwissen einschließt.

4. THEORETISCHE UND METHODISCHE ANSÄTZE

Die These, daß die westliche geographische Regionalforschung über sozialistische Länder sich an den für das gesamte Fach gültigen Forschungsfronten orientiert, ist nur dann berechtigt, wenn dieser Teilzweig des Faches allgemeine und spezielle Theoriekonzepte aufgreift und weiterverfolgt. Von solchen Ansätzen und den adäquaten Methoden war schon mehrfach kurz die Rede, so daß sich dieser Abschnitt auf wenige Hinweise beschränken kann.

In den wirtschaftsgeographischen Untersuchungen zu den sozialistischen Ländern ist eine *ökonomisierende Betrachtungsweise* weit verbreitet, deren Anwendung sich bemüht, der zunehmenden Bedeutung wirtschaftswissenschaftlicher Raumtheorien für die Regionalforschung gerecht zu werden. So bilden wirtschaftliche *Entwicklungstheorien* den Hintergrund für die neueren China-Analysen; das Modernisierungsprogramm der Pragmatiker in der politischen Führung der VR China wird auf seine Effizienz für die Raumentwicklung untersucht (DÜRR 1981; vgl. *Geochina* 1, 1979 ff.). Die Sonderstellung der VR China, die sich selbst ja als Entwicklungsland begreift, förderte auch die Verifizierung von sozioökonomischen Entwicklungstheorien. Hier galt das Land lange Zeit als Prototyp autozentrierter Entwicklung mit weitgehender Abkoppelung vom Welthandel (MENZEL 1978; vgl. auch KAMINSKE 1981). Nachdem 1978/79 ein sehr ehrgeiziges Investitionsprogramm die mittelfristigen Rückzahlungsmöglichkeiten vermutlich überschätzt hatte, öffnete sich die Wirtschaftspolitik wenigstens für Beteiligungsgeschäfte westlicher Firmen in der VR China. Die langandauernde Isolierung Albaniens legte auch bei der Interpretation der Wirtschaft dieses Staates nahe, von der

Theorie autozentrierter Entwicklung auszugehen (RUSS 1979).

Eine Anwendung rein wirtschaftlicher *Wachstumstheorien* stößt auf methodische und technische Probleme: Die Aggregate der volkswirtschaftlichen Gesamtrechnung sind nur sehr bedingt vergleichbar (vgl. dazu am Beispiel der DDR: WILKENS 1978). Außerdem ist ein solcher Ansatz geographisch nur sinnvoll, wenn eine kleinräumige Aufschlüsselung vorliegt; dies ist jedoch bei den meisten Staaten nicht der Fall, so daß selbst komplizierte Verfahren, die eine Umrechnung auf der Grundlage der westlichen Volkswirtschaftsrechnung wenigstens näherungsweise erlauben, nur geringe regionale Aussagen zulassen. Daß Wachstumsschwankungen ein Kennzeichen nicht allein der marktwirtschaftlich orientierten „kapitalistischen" Staaten sind, sondern auch in Staatshandelsländern vorkommen, ist bekannt und für die UdSSR nachgewiesen (VINCENTZ 1979), doch müßten entsprechende Studien auch regional vertieft werden. Die einzige Detailstudie, die zur Analyse regionalen Wirtschaftswachstums unter Anwendung volkswirtschaftlicher Theorien möglich war, wurde am Beispiel des oberschlesischen Industricreviers durchgeführt (BUCHHOFER 1976); sie machte aber auch deutlich, daß eine beliebige kleinräumige Verfeinerung nicht erreichbar ist.

Auf der in der Nachkriegszeit in verschiedenen osteuropäischen Ländern mit Nachdruck vertretenen Annahme, daß durch zentralisierte Investitionssteuerung historisch ererbte räumliche Ungleichgewichte (Disparitäten, in der Sprache des Ostens: territoriale Disproportionen) beseitigt werden könnten, beruhen einige Untersuchungen, die die Analyse statistisch nachweisbarer und in Zeitreihen verfolgbarer Disparitäten vor dem Hintergrund einer Gleichgewichtstheorie vornehmen (vgl. besonders HELLER 1979 zu Rumänien; GIESE u. HECHT 1983 zur UdSSR). Offensichtlich zeichnen sich in einzelnen sozialistischen Ländern unterschiedliche Entwicklungen ab, die von politischen, weltwirtschaftlichen und demographischen

Determinanten abhängig sind: Der auf ein räumliches Gleichgewicht abzielende Ausgleich zwischen strukturell unterschiedlichen Räumen (Süd-Nord-Gefälle in der DDR, ungleichmäßige Industrialisierung in Polen, Metropolisierungseffekte in Ungarn) erwies sich als zu kostspielig und wurde daher zugunsten einer sektoral differenzierenden Regionalpolitik aufgegeben. Diese konnte im staatlich-sozialen Bereich (Gesundheits- und Bildungswesen) ihre größten Erfolge verbuchen; eine „Gleichheit" ist aber selbst in der Sowjetunion in den 60 Jahren ihres Bestehens nicht erzielt worden. Die heutige Regionalpolitik operiert dort mit territorialen Produktionskomplexen, die als teilweise sehr ausgedehnte funktionale Wirtschaftsräume mit intensiven inneren Verflechtungen horizontaler wie vertikaler Natur gewissermaßen Wachstumsregionen für die weitere Raumentwicklung sein sollen. Eine Evaluation dieser weitgehend mathematisch modellhaft formulierten, zielorientierten räumlichen Wachstumsstrategien steht noch aus.

Das Hauptproblem der aufgeführten Ansätze besteht darin, daß sie unter den Prämissen westlicher Wirtschafts- und Gesellschaftsordnungen entwickelt wurden. Sind sie aber auch auf sozialistische Staaten übertragbar? Eine Antwort auf diese Frage wird im Rahmen des wichtigsten theoretischen Ansatzes versucht, der die Regionalforschung in sozialistischen Ländern gewissermaßen wie ein roter Faden begleitet, im Rahmen der *Systemtheorie* (vgl. WÖHLKE 1975, S. 48). Sie ist in doppelter Hinsicht für die Analyse der Raumstrukturen in sozialistischen Ländern bedeutsam, einmal im Sinne des Systemvergleichs (a), der sich — sofern dynamisch betrachtet — zur Frage nach Konvergenzen und Divergenzen weiterentwickelt hat, zum anderen im Sinne der räumlichen Systemanalyse (b), die an die Stelle herkömmlicher länderkundlicher oder regionalgeographischer Untersuchung treten soll (zu dieser Konzeption vgl. STEWIG 1979, S. 19 ff.).

(a) Beim *Systemvergleich* ist die Andersartigkeit von Wirtschafts- und Gesellschaftsordnungen der generelle Ansatzpunkt für das Forschungsinteresse; implizit, in einzelnen Fällen auch explizit, führt dies zu dem Bemühen, die regionalgeographischen Untersuchungen in den weiteren Rahmen eines Systemvergleichs zwischen Erster und Zweiter Welt einzuordnen. Besonders deutlich wird dies bei Arbeiten zur DDR, wo sowohl für den ländlichen wie für den städtischen Raum die Frage nach der unterschiedlichen Durchsetzbarkeit und tatsächlichen Durchsetzung raumordnerischer Leitbilder vergleichend analysiert wird. Dies reicht von generellen Überlegungen zur Frage der Divergenz oder Konvergenz städtischer Entwicklung in den beiden deutschen Staaten (wobei SCHÖLLER 1982, S. 26), der Divergenzhypothese den Vorzug zu geben scheint) über Analysen zum Instrumentarium, zur Organisation und zur Effizienz von Städtebau und Raumplanung (hierzu mehrere Arbeiten von WERNER 1978, 1981, 1983) bis zur Einzelanalyse der Bevölkerungsentwicklung (STEINBERG 1974, 1974a) und der unterschiedlichen Gestaltung innerstädtischer Zentren, wobei sich Berlin für HEINEBERG (1977, 1979; vgl. SCHÖLLER 1974) mit Recht besonders anzubieten schien. Es sind auch agrarwirtschaftliche Organisationsformen (IMMLER 1973) und die aktuelle Umweltproblematik (FÖRSTER 1980a, 1981) vergleichend dargestellt worden. Schließlich wurde der Versuch unternommen, theoretische Konzeptionen der sowjetischen Wirtschaftsgeographie und -lehre auf ihre Übertragbarkeit in andere Systeme zu überprüfen (STADELBAUER 1978).

Über diese Untersuchungen hinaus hat sich der Systemvergleich auch zu einer wichtigen didaktischen Konzeption entwickelt, die nicht ohne Rückwirkungen auf weitere Detailstudien blieb. So wird die nach dem Zweiten Weltkrieg divergent verlaufende Entwicklung im östlichen und westlichen Teil Deutschlands miteinander verglichen (vgl. SPERLING 1978a), seit einem grundlegenden Aufsatz von SCHLENGER (1954) werden USA und UdSSR einander gegenübergestellt, und die VR China möchte die eigene Entwicklung mit jener anderer

Entwicklungsländer verglichen wissen. Wenn auch alle diese Vergleiche hinken (DDR und Bundesrepublik Deutschland wiesen ganz unterschiedliche demographische und flächenmäßige Potentiale auf, ein Vergleichspartner für die UdSSR wäre eher der gesamte nordamerikanische Kontinent als nur die USA, und der Vergleich Chinas mit anderen Entwicklungsländern ist nur vor dem Hintergrund der eben angedeuteten Entwicklungstheorien sinnvoll), so haben sie doch zu einer schärferen Problemstellung auch bei kleinräumigen Untersuchungen beigetragen. Während der Vergleich der UdSSR mit den USA vor allem dem schulpraktischen Ziel dient, die beiden ,,Supermächte" einander gegenüberzustellen, steht beim Vergleich zwischen der DDR und der Bundesrepublik Deutschland der gesellschaftliche und politische Aspekt einer komparativen Deutschlandforschung im Vordergrund. Beide Motive sind aber vice versa auch für das jeweils andere Staatenpaar anwendbar.

(b) Immer wieder wurde für größere Untersuchungen die allgemeine *Systemtheorie* als wissenschaftlicher Analyseansatz gewählt. Dies ist verständlich, da die sozialistischen Staaten in den Kategorien quasi-geschlossener Raumsysteme denken und die den Systemrahmen überschreitenden Relationen geringer, die Schnittmengen zwischen Elementen benachbarter oder auf verschiedenen Betrachtungsebenen angeordneter Systeme unbedeutender als in den auf vielfältigen Verflechtungen beruhenden, mehrdimensionalen westlichen Sozial- und Wirtschaftsräumen zu sein scheinen. So untersucht FÖRSTER (1978) Prozeßabläufe in der Kulturlandschaftsentwicklung Nordböhmens, BUCHHOFER (1976) betrachtet den ,,industriellen Strukturwandel des oberschlesischen Reviers ... innerhalb eines Systemrahmens" (S. 58). STADELBAUER faßt wenigstens verbal die Rückwirkungen eines Eisenbahnbaus als Veränderungen innerhalb des kulturgeographischen Systems Turkmeniens auf (1973) und bemüht sich, auch die landwirtschaftliche Kooperation und Integration (an sowjetischen Beispielen, 1983) als Systemwandlungen zu interpretieren. Alle derartigen

Ansätze stießen jedoch auf das grundlegende Problem fehlender Datenredundanz und mußten daher deskriptiv-theoretisch bleiben.

Auch die Operationalisierung des systemanalytischen Ansatzes stieß auf Schwierigkeiten. Hier hat die Kulturlandschaftstheorie von WÖHLKE (1969 im theoretischen Konzept entwickelt, aber mehrfach — 1966, 1967, 1970 — deskriptiv verifiziert) Abhilfe zu schaffen versucht. Dieses Theoriekonzept bemüht sich, die Entwicklung und Gestaltung der Kulturlandschaft als Funktion von Variablen zu deuten und dem naturwissenschaftlichen Ansatz (der letztlich zur Ökosystemforschung führte) einen entsprechenden kulturwissenschaftlichen gegenüberzustellen. Aufgegriffen wurde die Anregung vor allem von FÖRSTER (1978), der die kulturlandschaftliche Entwicklung Nordböhmens von einzelnen Bestimmungsfaktoren her interpretiert. Seine Absicht ist es, die raumwirksame Staatstätigkeit als Folge einer Raumbewertung zu sehen, die sich je nach politischen Rahmenbedingungen wandelt und von verschiedenen Beziehungsgeflechten abhängig ist.

Schließlich ist noch ein weiterer Aspekt anzuführen, der an den Systemvergleich anknüpft und in die *Theoriekritik* überleitet. Die Regionalforschung verzichtet nicht auf kritische Analysen des „realen Sozialismus"; dabei lassen sich zwei Wege unterscheiden:

— Eine Kritik des Systems aus westlicher Sicht bemüht sich darum, Schwachstellen beim Funktionieren der Wirtschaftsordnung aufzuzeigen und systemkonträre Erscheinungen aufzudecken. In gewisser Weise lassen sich hier die bereits genannten (Kapitel 2.1.) Untersuchungen zum Privatsektor in der kollektiven Landwirtschaft nochmals anführen, aber auch der Nachweis von nicht abbaubaren räumlichen Ungleichgewichten oder von Problemen peripherer Räume enthält diese Komponente.

— Eine andere Gruppe kritischer Untersuchungen legt die Maßstäbe des wissenschaftlichen Marxismus an und mißt an ihnen die Errungenschaften in den sozialistischen Ländern. Exemplarisch in dieser Beziehung sind Untersuchungen zum Abbau des Stadt-Land-Gegensatzes in der DDR (TÖMMEL 1980).

Eine Beurteilung der Theorieleistung wird sicher (kritisch) das für das Gesamtfach bisweilen beklagte generelle Theoriedefizit feststellen, aber auch (positiv) einen eigenständigen Beitrag finden. *Eine der wichtigsten Leistungen der Regionalforschung über sozialistische Länder ist ihr Beitrag zur vergleichenden räumlichen Systemanalyse.*

Die Bedeutung dieses Theoriebeitrages ergibt sich aus den skizzierten Beziehungen, die über die Fachgrenzen hinausreichen: Im Rahmen eines allgemeinen Systemvergleiches ist die geographische Regionalforschung an der Entwicklung einer didaktischen Konzeption beteiligt, die vom Bildungswesen aufgegriffen wird und auch zu den Grundlagen der Politik gehört. Vermutlich liegt hier ein wesentlicher Teil der ,,Gesellschaftsrelevanz", um einen Begriff aufzunehmen, der zu Beginn des Berichtszeitraumes zum alleinigen Maßstab für alle Wissenschaft zu werden drohte. Auf die Transferbedeutung geographischer Regionalarbeit und damit auf die Wirkungsfelder der hier analysierten Untersuchungen wird noch zurückzukommen sein; zunächst muß dieses Kapitel durch Hinweise auf Arbeitspraktiken und Betätigungsbarrieren ergänzt werden, weil erst aus diesem Gesamtzusammenhang Forschungsdefizite abgeleitet und unter ihrer Berücksichtigung die nach außen dringenden Leistungen gewürdigt werden können.

5. BARRIEREN, ARBEITSTECHNIKEN UND FORSCHUNGSDEFIZITE

Wenn ein Wissenschaftszweig zwar Problemaufrisse zu einzelnen Fragen entwickeln kann, hinter denen sich Hypothesen verbergen, für deren Überprüfung das Fach auch das methodische Rüstzeug bereitstellt, wenn aber die bisherigen Arbeitsmöglichkeiten nicht ausreichen, diese Probleme zu lösen, dann wird man sich um neue Wege, vielleicht auch Umwege bemühen, um solche Barrieren zu überwinden und die bestehenden Forschungsdefizite abzubauen. Im folgenden Kapitel wird die Frage zu beantworten sein, inwieweit sich dieser Zusammenhang zwischen bestehenden Forschungsbarrieren, neuentwickelten Arbeitstechniken und verbleibenden Forschungsdefiziten auch für die geographische Regionalforschung über sozialistische Länder aufzeigen läßt.

5.1. Forschungsbarrieren

Der geographischen Arbeit in Osteuropa und anderen sozialistischen Ländern stehen Barrieren entgegen, die zwar teilweise kaum überwindbar sind, andererseits sich aber von Schwierigkeiten in anderen Staaten auch nicht grundlegend unterscheiden.

(1) Nicht zu hoch eingeschätzt werden sollte die *sprachliche Barriere*, die zwei Komponenten hat: Einerseits erfordert die Arbeit in fast jedem sozialistischen Land das Erlernen wenigstens einer Landessprache (wobei die Abstufung von Weltsprachen wie Russisch oder Chinesisch bis zu „exotischen" Sprachen mit kleinen Verbreitungsgebieten und strukturellen Un-

terschieden zu den geläufigen indoeuropäischen Sprachen reicht); in den Nationalitätenstaaten, vor allem aber in den von ethnisch-sprachlichen Minoritäten bestimmten Randgebieten der Sowjetunion und der VR China mag zusätzlich die Kenntnis weiterer Sprachen nützlich sein, obwohl die Rolle des Russischen bzw. des Chinesischen als Verkehrssprache dazu geführt hat, daß die meisten wichtigen Publikationen auch in diesen Sprachen erscheinen.

Allerdings ist nicht auszuschließen, daß regional bedeutsame Untersuchungen in diesen Minoritätensprachen erscheinen, denn nach dem Aufbau eines von der zentralen Verwaltung gesteuerten, aber auch auf die Belange der Regionalbevölkerung ausgerichteten Bildungswesens wurden beispielsweise in der Sowjetunion in allen Unionsrepubliken Akademien und Hochschulen eingerichtet, die über eigene Publikationsorgane verfügen und offensichtlich — ohne daß dies allerdings im Augenblick quantitativ belegt werden könnte — zunehmend in der Sprache der jeweiligen Nationalität veröffentlichen. In den baltischen Ländern, in Georgien und Armenien ist dies eine ältere Tradition, aber auch die turksprachigen Gebiete ziehen nach. Über nichtchinesische Veröffentlichungen in den nationalen Minderheitengebieten der VR China fehlen verläßliche Informationen.

Die zweite Komponente betrifft die ideologisch bedingte Divergenz innerhalb einer Sprache, ein Phänomen, das jedem deutlich wird, der Fachliteratur aus der DDR mit solcher aus der Bundesrepublik Deutschland vergleicht und vor dem Problem steht, für zahlreiche Begriffe Konkordanzen entwickeln zu müssen, die unbefriedigend bleiben, weil die Verwendung der Begriffe hier und dort jeweils gedankliche „Unterprogramme" (KLAUS 1972, S. 153 ff.; vgl. STADELBAUER 1980, S. 59 ff.) zum Verständnis des Begriffsinhaltes erfordert, die meist aus dem weltanschaulichen Hintergrund erwachsen und nur selten auf bewußter begrifflicher Zweigleisigkeit beruhen, deren Ziel es ist, auch sprachlich eine Abgrenzung vorzunehmen. Nur in Einzelfällen kann eine deutsch-deutsche „Übersetzung" ohne Erläuterung vorgenommen werden.

(2) Die *Reisemöglichkeiten,* die mit visuellem Kontakt den ersten Zugang des Geographen zu einem Raum vermitteln, sind im östlichen Mitteleuropa und in Südosteuropa zwar gegeben, in der Sowjetunion, der Mongolischen VR und der VR China jedoch eingeschränkt. Albanien und Kuba öffnen sich gerade erst in jüngster Zeit wieder für Ausländer aus kapitalistischen Staaten.

Der Mangel, der sich aus fehlender Anschauung in den untersuchten Regionen ergibt, muß wohl als entscheidend angesehen werden; er besteht auch dann, wenn eine Untersuchung andere Arbeitstechniken als gerade mit Feldforschung verbundene Verfahren bevorzugt.

(3) Und selbst vorhandene Reisemöglichkeiten sind nicht identisch mit *Arbeitsmöglichkeiten im Gelände.* Dafür fehlen die materiellen Grundlagen (beispielsweise detailliertes, großmaßstäbliches Kartenmaterial) und vor allem die Freiheit bei der Wahl von Arbeitstechniken. Ähnliches gilt für Bemühungen, Informationen aus Sekundärveröffentlichungen an Ort und Stelle zu überprüfen und zu vervollständigen. So existiert m.W. keine Darstellung, in der ein heutiger sowjetischer Großbetrieb (Kolchoz oder Sovchoz) in seiner historischen Entwicklung (mit Flurplan- und Ortsgrundrißbelegen aus der Zeit der Umteilungsgemeinde, der Bodenbesitzreform nach der Oktoberrevolution, der Kollektivierungszeit und den folgenden siedlungsstrukturellen Wandlungen), in seiner derzeitigen betrieblichen Organisation (Verwaltung, Arbeitsorganisation, räumliche Binnen- und Außenverflechtungen), der Flächennutzung (Bodennutzungssysteme der einzelnen Fruchtfolgebereiche [*sevooboroty*]), Funktionalkartierung der Haupt- und Nebensiedlungen), ökonomischen Ertragsdaten und agrarsozialen Merkmalen exemplarisch dargestellt wäre. Doch mit diesem Desiderat (das sich um zahlreiche andere vervollständigen ließe) ist bereits der Defizitbereich angesprochen.

(4) Selbst der *Kontakt zu den Bewohnern* mancher sozialistischer Staaten stößt auf Schwierigkeiten und kann zur Belastung werden (für Rumänien: HELLER 1979, S. 23). Damit scheiden auch Befragungsverfahren der empirischen Sozialforschung weitgehend aus; sie müssen sich auf nichtstandardisierte Zufallsgespräche beschränken.

(5) Die *Zusammenarbeit mit staatlichen Instanzen* ist bei einzelnen Arbeiten und in einzelnen Arbeitsphasen sicher gegeben, im Durchschnitt aber weitaus ungünstiger als im Westen, oft auch schlechter als in Entwicklungsländern, wo der Anlaufweg lang und mühselig sein mag, dann aber doch häufig zu reich fließenden Informationsquellen führt. In den sozialistischen Ländern erhöht die aus dem Verwaltungssystem und der Kontrolle durch Parteiinstanzen sich ergebende, meist stark zentralisierte Entscheidungsstruktur in allen öffentlichen Belangen den Aufwand bei der Herstellung sozialer Kontakte zu Behörden. Nur selten kann dieser Weg durch ein „Bakschisch" abgekürzt werden. Aber der Zeitaufwand ist nicht das Entscheidende — er gilt ja auch für die meisten Entwicklungsländer zumindest in der Vorbereitungsphase. Bedeutsamer ist die Tatsache, daß die strikte hierarchische Abstufung von Entscheidungen die Verantwortungsbereitschaft angesprochener Behörden lähmt. Der Entscheidungsspielraum ist so eng und zugleich so unsicher, daß die Grenze zwischen Forschung und Spionage willkürlich verschiebbar erscheint.

(6) Die *Zusammenarbeit mit wissenschaftlichen Instituten* ist prinzipiell möglich und in der Regel hilfreich. Doch entsprechen die dort üblichen Entscheidungsstrukturen in ihrer hierarchischen Zentralisierung dem generellen Verwaltungsaufbau, und auch die Wissenschaft in den sozialistischen Staaten unterliegt administrativer Kontrolle. Nur in wenigen glücklichen Fällen wie bei der Zusammenarbeit mit Kollegen in Ostmitteleuropa und vor allem in Jugoslawien konnte diese Hemmschwelle überwunden werden. Wohlgemerkt: Die Barriere besteht selten (auch dies kommt vor) in arroganter Selbstherrlichkeit einzel-

ner Wissenschaftler, sondern in administrativer Restriktionen — ein Phänomen, das bedauerlicherweise konvergente Entwicklungen im Westen aufweist.

(7) Zweifellos gibt es — bei aller geforderten Wertfreiheit von Forschung und angeblichen Vorurteilsfreiheit des forschenden Geographen — persönlichkeitsspezifische *Aversionen* und Antipathien gegen die sozialistischen Staaten (bisweilen leider auch gegen ihre Bewohner!). Insgesamt dürfte dieser Faktor jedoch zu vernachlässigen sein; vielmehr verbirgt sich dahinter meist ein Unbehagen über die vorgenannten Einschränkungen wissenschaftlicher Neugier.

Diese sehr unterschiedlichen Barrieren haben dazu geführt, daß die sozialistischen Staaten in der (west-)deutschen Forschung und Fachliteratur unterrepräsentiert sind. Dies wäre nicht unbedingt beängstigend, denn niemand wird eine gleichmäßig vertiefte Erforschung der gesamten Erde durch Fachvertreter eines Landes fordern können. Schlimmer sind die Konsequenzen, die sich in klischeehaften Vorstellungen zeigen, und die über mangelhaft fundierte Schulbuchveröffentlichungen an die nächste Generation tradiert werden. So herrscht noch weithin die aus der Stalinzeit übernommene Vorstellung vom sowjetischen Kolchoz, der vollständig auf zentralisierten Direktiven und Zwangsabgaben an den Staat beruhe.

Es läßt sich mühelos ableiten, daß der westlichen Regionalforschung über sozialistische Länder auch die Aufgabe zufällt, solche Verständnisbarrieren in der Öffentlichkeit abzubauen. Ein Teil der Hemmnisse scheint übrigens von politischen Konstellationen abhängig zu sein, in denen Außen- und Wissenschaftspolitik miteinander verschmelzen. So sind die Arbeitsmöglichkeiten für Geographen aus der Bundesrepublik Deutschland in vielen Fällen ungünstiger als für Wissenschaftler aus neutralen Staaten oder selbst aus anderen westlichen Ländern, wie das Beispiel französischer Geographen zeigt. Auch die ideologische Ausrichtung des Forschers scheint nicht ohne Auswirkung auf den Zugang zu Unterlagen oder auf Reisemöglichkeiten zu bleiben, so daß sich hier aus einem anderen Blickwinkel erneut die Frage nach der Wertfreiheit regional-geographischer Forschung aufwirft.

5.2. Arbeitstechniken

Es kann nicht Aufgabe dieses Abschnittes sein, auf alle Informationskategorien und Auswertungsmöglichkeiten einzugehen, die der geographischen Regionalforschung zur Verfügung stehen; vielmehr soll auf jene Techniken verwiesen werden, die unsere regionalen Kenntnisse und geographischen Erkenntnisse in bezug auf die sozialistischen Länder besonders fördern.

Wenn eben von eingeschränkten Reisemöglichkeiten die Rede war, muß hier auf *Geländearbeiten* eingegangen werden. Das größte Handicap besteht in dieser Hinsicht wohl in Nordkorea, gefolgt von der Mongolischen VR, Albanien und zahlreichen Gebieten in der VR China und in der Sowjetunion. In den ostmitteleuropäischen und in den meisten südosteuropäischen Staaten sind wenigstens touristische Reisen fast freizügig möglich, wenn man einmal von aktuellen politischen Einschränkungen (Polen) absieht. Der organisierte Tourismus hat auch in der VR China und in der Sowjetunion den Zugang zu einzelnen Gebieten eröffnet. Selbst akademische Austauschprogramme enthalten meist einen quasi-touristischen Einblick in einzelne Gebiete; sie gehen teilweise über das ,,Normal-touristische" hinaus. Wissenschaftliche Auseinandersetzung mit den sozialistischen Ländern muß aber auch die Warnung enthalten, nicht alles, was dem Reisenden von den offiziellen Touristikunternehmen vorgeführt wird, als Durchschnittsbild (und damit als generalisierbares Exempel) aufzufassen. Trotzdem sind während solcher Aufenthalte einfache Kartierungen möglich (Beispiele für die UdSSR bei GIESE 1980a, S. 50; GORMSEN u. HARRISS 1976, S. 94 f.; STADELBAUER 1976, Beil.; für Polen: BUCHHOFER 1976, Karte 1), ebenso Gespräche mit der Bevölkerung, obwohl meist die Zeit nicht ausreicht, eine einigermaßen repräsentative Anzahl an Aussagen zu einer bestimmten Fragestellung zu sammeln.

Einen gewissen regionalgeographischen Einblick in Landesteile, die durch die gängigen Tourismusprogramme nicht besucht werden können oder nur sehr selten angeboten werden, bieten *Exkursionen,* die sich an *internationale Kongresse* anschließen. Hier sind — wiederum für die Sowjetunion und für den Berichtszeitraum — vor allem die folgenden Veranstaltungen zu nennen:

- 1974: X. Internationaler Bodenkundekongreß;
- 1976: XXIII. Internationaler Geographenkongreß (BREMER, SLAYMAKER u. LIEDTKE 1977);
- 1982: XI. INQUA-Kongreß.

Während die Vortragsveranstaltungen in aller Regel in Moskau stattfinden (ein weiteres Merkmal des sowjetischen Zentralismus), führen Symposien im Zusammenhang mit den Kongressen in andere Wissenschaftszentren des Landes, vor allem in die Republikhauptstädte, aber auch ins Gelände. So berichtet BÖSE (1982, S. 313-316) über Exkursionen nach Jakutien und Weißrußland, in deren Verlauf Fragen der Formenerhaltung unter kalt-trockenen, kontinentalen Klimabedingungen (Erhaltung der Lena-Pillars, eines fossilen Karstsystems von Säulen, Türmen und Bögen am Steilufer der Lena), der Entstehung von Auftau-Depressionen (Alassen) und der Feinstratigraphie und Sedimentologie saale-eiszeitlicher Moränen diskutiert wurden. Die Diskussionsbereitschaft der sowjetischen Geomorphologen ist sehr groß, die Methoden und Arbeitstechniken haben internationales Niveau, doch zeigt sich meist eine sehr enge Spezialisierung. Das Fehlen von topographischen und geomorphologischen Detailkarten hebt LIEDTKE (in: BREMER, SLAYMAKER u. LIEDTKE 1977, S. 103 f.) als besonders gravierenden Mangel hervor. Bei anderen Exkursionen, die im Anschluß an den XXIII. Internationalen Geographenkongreß stattfanden, überwogen physiogeographische Erläuterungen, während der kulturgeographische Bereich nur sehr dürftig durch die Intourist-Organisation abgedeckt wurde.

In der VR China haben neue Reisemöglichkeiten nach der Kulturrevolution einen immer intensiver werdenden wissenschaftlichen Austausch vorbereitet und das geographische Interesse neu geweckt. Hatte KOLB (1976) noch auf seine klassische Länderkunde über Ostasien zurückgegriffen und aus der Beschäftigung mit dem Kulturraum die über die Presse bekanntgewordenen Wandlungen zu interpretieren versucht, so beginnt mit dem Überblick zur Stadterneuerung von KÜCHLER (1976) eine neue Phase mit Arbeiten von Geographen, die das Land mehr oder weniger intensiv bereist haben. Einige Arbeiten Ende der 70er/Anfang der 80er Jahre knüpfen an relativ kurze Aufenthalte an, bemühen sich aber, aus der unmittelbaren Anschauung zu informieren (JÄTZOLD 1979; STADELBAUER 1981a; REINDKE 1983; SCHINZ 1983). Erst seit etwa zwei Jahren ist eine breiter angelegte Forschung möglich, wobei das physiogeographische Projekt Göttinger Geomorphologen (HÖVERMANN; KUHLE) eine Sonderstellung einnimmt (KUHLE 1983), ebenso die Exkursion der *Academia Sinica* nach Tibet (HAFFNER 1981). Immer noch werden, gerade im Hinblick auf die Schulgeographie, Fallstudien publiziert, die — einem Puzzlespiel gleich — erst in der Zusammenschau ein Gesamtbild ergeben können. Aus der Zusammenarbeit mit chinesischen Fachkollegen entstanden Sonderhefte von *GeoJournal* (1980/6) und *Geographischer Rundschau* (1981/83). Trotz der verbesserten Reisemöglichkeiten bleibt jedoch eine gewisse Skepsis gegenüber den erzielbaren Forschungsergebnissen bestehen (vgl. DÜRR 1981a).

Gemeinsame Exkursionen und *Geländepraktika,* an denen Mitglieder deutscher und ausländischer Institute teilnehmen, sind nur in Ausnahmefällen möglich gewesen. So konnte das Institut für Wirtschaftsgeographie der Universität München unter Leitung von Professor K. RUPPERT zusammmen mit dem Geographischen Institut der Universität Ljubljana und der

Geographischen Fakultät der Universität Skopje in der SR Makedonien 1974 ein Geländepraktikum durchführen, das den Wandel einer ehemals weitgehend ländlich-agrarwirtschaftlich geprägten Region exemplarisch am Beispiel dreier Gemeinden zu erfassen versuchte (*Räumliche Struktur- und Prozeßmuster in der SR Makedonien,* 1980). Andere Bemühungen um gemeinschaftliche Forschungsarbeit scheiterten dagegen an zu großen organisatorischen Hinternissen oder an der Unvereinbarkeit von Forschungszielen (z.b. Zusammenarbeit der Geographischen Institut der Universitäten Freiburg i.Br. und Iaşi).

Studienexkursionen erfassen vor allem den ostmitteleuropäischen und südosteuropäischen Teil des Berichtsgebietes. Sie im einzelnen zu nennen, würde zu weit führen, zumal sie eher der Kenntnisvermittlung als der Forschung dienen. Es zeichnet sich wohl eine Schwerpunktbildung bei ČSSR, Ungarn und Jugoslawien ab, in zweiter Linie kommen Polen und Rumänien hinzu. Mehrfach wurden auch bereits Exkursionen in die Sowjetunion durchgeführt, obwohl die große Entfernung Flugreisen nahelegt, die in den letzten Jahren von Kostensteigerungen betroffen waren. Andererseits ist es nicht uninteressant zu sehen, daß klischeeartige Vorstellungen (etwa: man könne sonst nicht in die Sowjetunion reisen) die studentische Bereitschaft zu solchen Exkursionen erhöhen. Wichtiger ist aber − nach den Äußerungen von Interessenten an einer von Freiburg aus durchgeführten Kaukasienexkursion 1982 − der Wunsch, ein Land mit anderer Wirtschafts- und Gesellschaftsordnung aus eigener Anschauung zu sehen. Der oben angesprochene Systemvergleich bietet also auch eine Motivation für didaktische Ansätze. Es sei jedoch nicht verkannt, daß diese Exkursionen − ähnlich wie die Forschung in sozialistischen Ländern − wiederum zu Frustationen führen können, da Routen, Aussichtspunkte, Betrachtungsobjekte und inhaltliche Thematik durch organisierte Führungen zumindest in der Sowjetunion weitgehend vorgegeben sind. Immerhin hat sich die Qualität der örtlichen Führungen seit Anfang der 70er Jahre deutlich verbes-

99

sert, wenn auch die Ausrichtung auf kunsthistorisch-kulturelle Sachverhalte weiterhin im Vordergrund steht und der geographische Rahmen nur mit lexikalischen Fakten abgesteckt wird.

„Einmal sehen ist besser als hundertmal hören oder lesen", sagt ein Sprichwort, das dem Reisenden in Mittelasien und in China entgegenklingt. Wollte man sich danach richten, dann müßte Regionalforschung in den sozialistischen Ländern mit einem Vielfachen des Aufwandes betrieben werden, der tatsächlich möglich ist. Denn das Sehen kann nur kleine Raumausschnitte erfassen, die überdies nicht beliebig wählbar sind; das Hören oder Lesen muß die fehlende Anschauung ersetzen. Wenn auch in manchen Ländern nahezu unbegrenztes Reisen möglich ist, so begründet die Auswertung sekundärer Materialien doch die Methodik, mit der dieser länderspezifische Zweig der Regionalforschung betrieben wird.

An der Spitze steht dabei die *Auswertung von statistischem Material.* In der Regel ist man auf die Volkswirtschaftsstatistiken der einzelnen Staaten angewiesen, die ein zwar umfangreiches, aber eben doch uneinheitliches Zahlengerüst anbieten. Über die Zuverlässigkeit der statistischen Daten ist viel gerätselt worden, beispielsweise bei der sowjetischen Agrarstatistik; da die publizierten Statistiken nicht nur Informationsmaterial sind, sondern auch als Planungsinstrument dienen, wäre eine weitgehende Verfälschung schädlich. Trotzdem gibt es Verzerrungen (vgl. SCHINKE 1972; STADELBAUER 1983a, S. 14 ff.), die nur näherungsweise zu erfassen sind. Schwerer wiegt, daß die Statistiken − verständlicherweise − Erfolge dokumentieren und nicht Schwachstellen aufweisen wollen. Außerdem verhüllen sie häufig absolute Werte durch relative Indexangaben (vor allem im industriellen Sektor). Ein weiteres Problem ist die unzureichende kleinräumige Aufschlüsselung. Zwar ist die Zahl von Regionalstatistiken für einzelne Republiken der UdSSR und auch für kleinere Verwaltungseinheiten beachtlich, doch sind die Inhalte nicht einheitlich (und damit nicht immer zu einem regional gegliederten Gesamtbild zusammensetzbar), und die weitere regionale Untergliederung genügt auch nicht dem Wunsch nach Datenredundanz. Zeitreihenanalysen werden zusätzlich durch inhaltliche Veränderungen erschwert. Eine wertvolle Datensammlung zur VR China legen DÜRR und WIDMER (1983a) vor.

Daraus ergeben sich bereits Einschränkungen für die *Anwendung mathematisch-statistischer Verfahren,* die in engem Bezug zur Theoretischen Geographie entwickelt wurden (vgl. GIESE 1980); die Bestätigung theoretischer Überlegungen scheitert häufig daran, daß sie nicht empirisch überprüfbar sind. Es gibt freilich auch zahlreiche Beispiele für die Anwendung quantitativer Verfahren: BUCHHOFER (1976, S. 140) setzt die Shift-Analyse zur Beurteilung der regionalen Wirtschaftsentwicklung des Oberschlesischen Industriereviers in der gesamtpolnischen Entwicklung ein; GIESE (1973a) bedient sich der Rang-Korrelation bei der Analyse wirtschaftsräumlicher Gliederungen in Sowjet-Mittelasien und Kazachstan; die Innovationsstudie von BAHRENBERG und ŁOBODA (1973) greift auf mathematische Diffusionsmodelle zurück; HELLER (1979, 1981) verwendet die Hauptkomponentenanalyse zur Extraktion der Faktoren, die räumliche Ungleichgewichte in Rumänien erklären sollen. Allerdings bleiben Bedenken, wenn hochentwickelte Verfahren auf der Basis eines ungesicherten Datensatzes eingesetzt werden.

Dies mag dazu beigetragen haben, daß der heuristische Versuch historischer Erklärung über das Aufspüren primärer und vor allem sekundärer Quellenbelege insgesamt eine größere Rolle spielt, obwohl der Zugang zu Archiven im Berichtsgebiet noch problematischer als die Benutzung von Bibliotheken ist.

Wenn sich ein großer Teil regionalgeographischer Arbeit in den sozialistischen Ländern auf *Literaturauswertung* beschränken muß, sind Verfahren der Informationsgewinnung aus Publikationen unterschiedlicher Quellenkategorien und Methoden der Textanalyse besonders wichtige Ansätze. Die Quellengattungen, die für eine Auswertung in Frage kommen, reichen von der Tagespresse über populäre und Fachzeitschriften bis zu wissenschaftlichen Publikationen. Sie müssen vor allem in Hinblick auf komplementäre Informationsvermittlung und auf Widersprüche analysiert werden, wobei auch die bereits genannte semiotische Sprachbarriere zu überwinden ist (vgl. STADELBAUER 1983, S. 36 ff.).

Zu den wichtigsten Organen, durch die Land und Leute auch einer breiteren Öffentlichkeit bekanntgemacht werden sollen, gehören die Informationszeitschriften, die in allen sozialistischen Ländern meist in mehreren Parallelausgaben in vielen Sprachen erscheinen (z.B. *Sowjetunion heute, Beijing Rundschau*). Sie sind auch Informationsträger für die geographische Landeserkundung; neuere Studien zur *Beijing Rundschau* zeigen jedoch, daß die Auswertbarkeit dieser Informationen beschränkt ist, daß die Inhalte von Oszillationen im politischen Bereich abhängig sind und daß einzelne Sachbereiche umfassend, andere dagegen zu wenig vorgestellt werden (STREIT 1980 und 1981 mit einer Analyse der wirtschaftlichen Modernisierung; RAU 1982 im Hinblick auf eine kartographische Auswertung; zur kartographischen Darstellung PÖHLMANN, Hrsg., 1980). Methodisch sind diese Untersuchungen aber wichtig, da die Beschäftigung mit den sozialistischen Staaten durchweg sprachliche Barrieren zu überwinden hat; Publikationen aus diesen Ländern in westlichen Sprachen sind wichtige Informationen, doch müssen sie kritisch umgesetzt werden. Diese Arbeitsweise ist nicht weit von der „Kremlologie" entfernt, welche die Politischen Wissenschaften in den 50er Jahren entwickelten, um aus kleinen Indizien bei der offiziösen Berichterstattung aus der Sowjetunion auf Veränderungen in der Verteilung und Ausübung von Herrschaft schließen zu können. Die bisher vorliegenden textkritischen Analysen lassen aber erkennen, daß wohl auch bei noch so umfassender Literaturauswertung kein befriedigend „vollständiges" regionalgeographisches Bild zu gewinnen ist; allerdings ser Analyseansatz die anderen Arbeitstechniken unbedingt ergänzen.

Eine weitere Informationsquelle regionalgeographischer Arbeit wird durch die *Fernerkundung* erschlossen. Satellitenbilder von wachsender Qualität wurden — überwiegend als ein die unzureichenden Karten ergänzendes und ersetzendes Material gedacht — mehrfach veröffentlicht und meist einem weiteren Publikum zugänglich gemacht (vgl. z.B. HEUSELER, Hrsg., 1977 zur Sowjetunion; *Diercke Weltraumbild-Atlas* 1981 mit Textband; SCHÖPKE 1981 u.a.), doch kann die ökologisch orientierte Auswertung darüber hinausgehen. Mittlerweile stehen Daten aus verschiedenen Jahren und Jahreszeiten zur Verfügung, die Rückschlüsse auf Erschließungsprozesse, Umweltveränderungen, forst- und agrarwirtschaftliche Entwicklungen, Bodenschädigung und -erhaltung erlauben. Eine Analyse über die Chakassische Steppe (WEIN 1981) ist ein erster Anfang für eine solche Auswertung; der gemeinschaftlich von den Akademien der Wissenschaften der UdSSR und der DDR herausgegebene Satellitenbildatlas der Sowjetunion weist zusätzliche Möglichkeiten (anhand von Saljut-Aufnahmen) auf, die auch mit dem Landsat-Material durchführbar sein dürften. Manche Karten von Bodennutzung, Verkehrserschließung und Siedlungsstruktur werden nach einer fächendeckenden Auswertung dieses Materials anders aussehen. Dies gilt vor allem für die großen Flächenstaaten Sowjetunion und Volksrepublik China (vgl. zu Beijing KÜCHLER 1981). Unausgeschöpfte Möglichkeiten bietet die digitale Auswertung von Multispectral-Scannerdaten, wobei auch den Thermalbildern eine wachsende Bedeutung zukommen wird. Die optische Auflösung reicht mittlerweile für die Interpretation von Flurstrukturen und anderen Elementen terrestrischer Gefügemuster aus. Es fehlen jedoch großmaßstäbliche Luftbilder für Feinanalysen. Die amerikanischen U-2-Aufnahmen, die seinerzeit zu politischen Verwicklungen führten, stehen nicht — noch nicht? — zur Verfügung, wären aber sicher ein reizvolles Reservoir kleinräumiger Infor-

103

mation. Das Hauptproblem, das einer umfassenden Anwendung von Fernerkundungsverfahren entgegensteht, ergibt sich aus der Unmöglichkeit, Bodenkontrolldaten zu erheben, die für eine eindeutige Klassifikation von Gefügemustern erforderlich sind.

5.3. Forschungsdefizite

Der Überblick über die von der Regionalforschung erfolgten Ansätze macht deutlich, daß vor allem die Anwendung der Methoden der empirischen Sozialforschung und anderer Verfahren der Mikroanalyse weitgehend ausgeschlossen ist. Zumindest kann gesagt werden, daß dieser Zugang, der eine Überprüfung aller theoretischen Überlegungen und Ansätze ermöglichen müßte, verbaut ist. Hierfür sind verschiedene Gründe aufzuführen:

(1) Die empirische Sozialforschung ist heute zwar in den sozialistischen Ländern etabliert, sie wurde aber erst mit großer zeitlicher Verzögerung gegenüber den westlichen Ländern aufgenommen, nachdem ideologische Vorbehalte überwunden waren. Der von AHLBERG (1969) herausgegebene Sammelband mit einigen Übersetzungen sowjetischer Originalarbeiten hat den methodischen Fortschritt in der UdSSR erstmals sichtbar gemacht. Dennoch blieben Vorbehalte von seiten der „klassischen" marxistischen Soziologie bestehen, die ein Ableger der Philosophie ist und damit stark auf spekulativer Basis arbeitet. Eine Rezeption der neueren Sozialforschung durch die Geographie erfolgte erst Ende der 70er Jahre, und dies zunächst noch ohne merkbaren Generationswechsel. Unter dem Eindruck des Moskauer Geographenkongresses 1976 wurde zwar eine „Sozialgeographie" kreiert (STADELBAUER 1980, S. 56, Anm. 92) und die Überwindung des überkommenen Konzepts der Ökonomischen Geographie eingeleitet, aber der Umbruch ist noch nicht vollzogen. Dies gilt vor allem für die

Sowjetunion und für die DDR. In Polen und Teilen Südosteuropas (vor allem in Ungarn und Jugoslawien) gab es — mitbeeinflußt durch die österreichische Geographie und durch die engen Beziehungen Münchens nach Südosteuropa — einige frühere Ansätze für sozialgeographische Arbeiten.

(2) Selbst wenn Methodik und theoretischer Überbau rezipiert sind, bleiben Berührungsängste von seiten der Administration. Sie verhindern mit vielseitigen Geheimhaltungsvorschriften den Zugang zu Regionaldaten, eigener Anschauung und meist auch die Durchführung von Befragungen. Nur nebenbei sei angemerkt, daß andere ausländische Forschungsgruppen diesen Restriktionen vielleicht etwas weniger unterliegen, wie die Erhebungen einer kleinen französischen Arbeitsgruppe in Kaukasien zeigen (vgl. *Le Caucase*, 1981).

(3) Die Wissenschaftsorganisation zeigt eine wesentlich stärkere hierarchische Kompetenzverteilung, als es selbst an einer reinen „Ordinarienuniversität" westlicher Provenienz der Fall ist. Dadurch werden Entscheidungen über Forschungsvorhaben auch von kleinerem Umfang verzögert, vor allem aber wissenschaftliche Innovationen erschwert. Daraus resultieren Schwierigkeiten und Defizite bei der Zusammenarbeit selbst dann, wenn die administrativen Hürden überwunden sind.

(4) Das Fehlen großmaßstäblicher Kartengrundlagen verhindert konkrete kartographische Mikroerhebungen, die ja nicht nur als Illustration, sondern auch als empirische Informationsgewinnung zu verstehen sind.

Daraus ergibt sich hauptsächlich ein *Defizit im Umkreis der gesamten detaillierten sozialgeographischen Regionalforschung*. Es muß auf aggregierte Sozialdaten (meist für größere Raumeinheiten), auf volkswirtschaftliche Kennziffern mit Indikatorenfunktion oder auf die Auswertung von Sekundärarbeiten (HELLER 1979 mit Dorfuntersuchungen in Rumänien) zurückgegriffen werden. In den Untersuchungen zu regionalen Disparitäten wird dieses Ausweichen auf die veröffentlichte offizielle Statistik besonders deutlich.

Auch Arbeiten nach dem Verhaltens- oder dem Wahrnehmungsansatz sind bislang höchstens andeutungsweise und nur qualitativ möglich. Die Beobachtung, verknüpft mit journalistischen Beiträgen zur Landeskunde, ist für die Sowjetunion wenigstens eine Möglichkeit, Versorgungsverhalten, Freizeitverhalten und Einstellungen innerhalb des sozialen Umfeldes grob zu erfassen und qualitativ abzuschätzen. Übrigens geben Journalistenberichte in dieser Beziehung oft ein sehr gutes Material ab (vgl. z.B. für die Sowjetunion SMITH 1976; UDGAARD 1979; SCHMIDT-HÄUER 1980), das sich für eine schulische Umsetzung wohl eignet, das auch verhaltenspsychologische Hypothesen erlaubt, nicht jedoch deren Überprüfung.

Auch bei den *länderkundlichen Darstellungen* gibt es Desiderate. Überblickt man das Material länderweise, dann zeigen sich deutliche Schwerpunkte: Daß die Sowjetunion am stärksten vertreten ist, ergibt sich allein schon aus der Größe des Landes, der weltpolitischen und weltwirtschaftlichen Stellung, der Vielgestaltigkeit von Natur- und Wirtschaftsräumen und der Tatsache, daß die Sowjetunion sich selbst als steuerndes Zentrum innerhalb der Gruppe der sozialistischen Staaten begreift. Polen und die ČSSR sind etwa gleichgewichtig vertreten. Die hervortretende Häufigkeit von Arbeiten über Jugoslawien beruht auf den Kontakten der Münchner Sozialgeographen. Während Rumänien immerhin noch einige Darstellungen erfahren hat, ist Bulgarien kaum von der westlichen Regionalforschung erkundet worden. Hier muß man auch heute noch – ähnlich wie bei Albanien, das geradezu *terra incognita* ist (vgl. LICHTENBERGER 1976) und sich erst neuerdings wieder etwas öffnet – auf Arbeiten aus den 30er Jahren zurückgreifen, zumal selbst die westliche Rezeption bulgarischer Arbeiten bisher gering blieb. Bei Ungarn und Polen fallen Defizite an aktualitätsbezogenen Arbeiten nicht so besonders deutlich auf, weil die Geographen beider Staaten über englischsprachige Publikationsorgane verfügen. Bedauerlich gering ist die Auseinandersetzung westdeutscher Geographen mit Problemen der DDR. Aber dieses Defizit ist auch verständlich: Die methodische und arbeitstechnische Verfeinerung der Regionalforschung tritt um so mehr hervor, je näher ein Gebiet liegt; entsprechend hoch ist, zumal sprachliche Barrieren entfallen, die Erwartungshaltung — und genau diese Erwartungen können wegen des Datenmangels nicht erfüllt werden.

Im asiatischen Teil des Berichtsgebietes bahnte sich seit 1978 geradezu ein Publikationsboom hinsichtlich der VR China an, weil zunächst jede mehr oder weniger zufällig bei Reisen gesammelte Information das äußerst blasse Bild vom neuen China vervollständigen konnte. An die Stelle anfänglicher Euphorie ist inzwischen auch etwas Skepsis getreten, obwohl die beiden Vorträge von DÜRR und WIDMER sowie TAUBMANN auf dem 44. Deutschen Geographentag in Münster 1983 doch einige Möglichkeiten wirtschafts- und sozialgeographischer Regionalforschung aufzeigten. Die Mongolische VR konnte nur in wenigen Überblicksaufsätzen knapp angesprochen werden, die DVR Korea verschließt sich bis heute westlichen Geographen, so daß auch hier der Rückgriff auf ältere Werke nötig ist.

5.4. Zusammenfassung

Die Regionalforschung westlicher Geographen in den sozialistischen Ländern hat sich bemüht, selbsterrichtete forschungspsychologische und wissenschaftssoziologische Hindernisse zu überwinden, doch bleiben die systemimmanenten Barrieren hoch. Daran scheitert ein großer Teil moderner Arbeitsverfahren.

Das bedeutendste Defizit der Regionalforschung über sozialistische Länder besteht im Bereich der empirischen Sozial- und Wirtschaftsforschung. Eine Verbesserung der Situation ist selbst dann kaum zu erhoffen, wenn entsprechende Arbeits-

techniken von der Regionalforschung innerhalb der sozialistischen Staaten rezipiert worden sind.

Diese Folgerung ist alles andere als optimistisch. Aber trotz aller Einschränkungen dürfen Untersuchungen über sozialistische Länder und deren regionalgeographische Probleme nicht einfach als Kompilation abgetan werden. Selbst wenn sie auf einer Zusammenschau von fremden Forschungsergebnissen beruhen, sind sie doch allein wegen des Transfers in ein anderes Gesellschafts- und Wirtschaftssystem — und dies ist bei aller angeblichen Wertfreiheit von Forschung schon aus den Problemstellungen ablesbar — eine originäre Leistung. Freilich werfen sich in diesem Zusammenhang noch zwei andere Fragen auf: Für wen wird diese Forschung überhaupt betrieben, welches sind die Wirkungsfelder? Und ist die Regionalforschung personell und infrastrukturell überhaupt in der Lage, den hochgespannten gesellschaftlichen Anforderungen nachzukommen, die an sie gestellt werden?

6. WIRKUNGSFELDER DER REGIONALFORSCHUNG ÜBER SOZIALISTISCHE LÄNDER

Der Wirkungsbereich der mit der Regionalforschung in sozialistischen Ländern befaßten Geographen ist zunächst mit dem Forschungs- und Lehrauftrag der Hochschulen zu erfassen, reicht darüber aber in den Bereich 'Bildungswesen' (didaktische Umsetzungen für die Schule, Lehrerfortbildung, Erwachsenenbildung), bemüht sich, enge Fachgrenzen durch interdisziplinäre Zusammenarbeit zu überwinden, und ist zweifellos auch bestrebt, durch Vermittlung besserer Kenntnis auf international-politischem Gebiet und durch Vermittlung an eine breitere Öffentlichkeit einem besseren Verständnis zu dienen. Da es unmöglich ist, alle diesbezüglichen Aktivitäten (die sich ja nicht nur in Publikationen niederschlagen!) zu erfassen, können im folgenden nur wenige Bereiche näher angesprochen werden.

6.1. Hochschule und Wissenschaft

Hochschulunterricht und wissenschaftlicher Austausch von Forschungsergebnissen sind die nächstliegenden Bereiche, in denen die Transferbedeutung geographischer Regionalforschung deutlich wird. Bereits hingewiesen wurde auf Exkursionen in die sozialistischen Länder und auf die Kontakte, die zwischen den hier hauptsächlich angesprochenen Autoren einerseits sowie Fachkollegen ausländischer Hochschulen und nichtgeographischen Mitarbeitern der Osteuropa-Institutionen andererseits bestehen. Die Osteuropa-Institute (Berlin, Gießen, Köln, München) sind mit zahlreichen Einzelarbeiten vor allem an Fragen der Agrarentwicklung, der Sozial- und Wirtschaftsstruktur, des Verkehrswesens, der Energiewirtschaft, der Kulturlandschaftsentwicklung usw. interessiert. Hier besteht auch ein enger Gedankenaustausch, der in der Tradition der deutschen Osteuropaforschung wurzelt: Sie hatte sich schon in den 30er Jahren und ebenso nach dem Zweiten Weltkrieg als fachübergreifende Regionalforschung verstanden (vgl. das Themenheft *Osteuropaforschung in der Bundesrepublik Deutschland*, in: *Osteuropa* 30, 1980, H. 8/9).

Allerdings muß eingeräumt werden, daß sich die regionalgeographische Osteuropakunde auf diesem Parkett im vergangenen Jahrzehnt nicht zu sehr hervorgetan hat. Dies dürfte vor allem darauf zurückzuführen sein, daß die ständig verfeinerten Arbeitstechniken der Aktualgeographie immer weniger angewandt werden konnten und die Geographen dadurch ins Hintertreffen gerieten. Es wäre zu wünschen, daß die geographischen Aktivitäten in dieser Beziehung so lebendig würden, wie sie es bei der Mitwirkung im Südosteuropa-Institut in München oder im Johann-Gottfried-Herder-Institut und -Forschungsrat in Marburg sind.

Man darf diese scheinbare Inaktivität allerdings nicht allein den Geographen anlasten, sondern muß dieses Phänomen auch aus der personellen Situation der Osteuropa- und Ostasien-Forschung an den Hochschulen heraus betrachten.

— In der Bundesrepublik Deutschland mit West-Berlin gibt es zwei explizit auf Osteuropa spezialisierte geographische Lehrstühle (in Berlin und Tübingen), doch nur der Berliner Lehrstuhl ist zugleich in ein Osteuropa-Institut integriert und wird durch mehrere Mitarbeiterstellen ergänzt.

— Aufgrund individueller Forschungsschwerpunkte wird Osteuropa- und Ostasienforschung an verschiedenen weiteren Geographischen Instituten (z.B. Bochum, Braunschweig, Bremen, Düsseldorf, Freiburg, Gießen, Göttingen, Hamburg, Marburg, München, Stuttgart, Trier) betrieben, ohne ausschließlicher Forschungs- und schon gar nicht Lehrschwerpunkt zu sein. Je nach Stellung der Spezialisten ist die Ausstattung der Institute mit Arbeitshilfen und ergänzenden Stellen und damit die Möglichkeit von Teamarbeit unterschiedlich. Der Typ des „Einzelkämpfers" überwiegt jedoch weitgehend.

— Ein Teil der Forschung wird über längerfristige, ebenfalls auf individueller Antragsinitiative beruhender Drittmittelförderung betrieben. Selbst bei Laufzeiten von mehreren Jahren ist die wünschenswerte Kontinuität nicht gewährleistet.

— Im Gegensatz zu anderen Disziplinen (wie etwa der Geschichte, die über zahlreiche regional spezialisierte Seminare und Lehrstühle verfügt) ist die Spezialisierung in der Geographie nicht ausschließlich. Schon die aufgeführten Barrieren, die Schwierigkeiten bei der Feldarbeit und Materialbeschaffung und damit verbundene Frustrationen führen dazu, daß sich niemand ausschließlich dem Osten verschreibt.

Diese Mißlichkeiten sind mehrfach von WÖHLKE (1964, S. 151 f.; 1975) hervorgehoben worden; die Lage hat sich seither nicht verbessert, sondern durch die Personalpolitik im geisteswissenschaftlichen Bereich sogar eher verschlechtert. Die Ursachen reichen auch tiefer und lassen sich bis auf die geringe gesellschaftliche Anerkennung des Gesamtfaches Geographie oder einer regionalen Spezialisierung innerhalb dieses Faches zurückführen. Die disziplinpolitische Konsequenz darf allerdings nicht Selbstmitleid, sondern muß die Vorlage klarer Forschungsergebnisse sein.

Um die Bedeutung der geographischen Osteuropa- und Ostasienforschung für den Hochschulsektor weiter auszuloten, wäre es erforderlich, eine Analyse von Lehrangeboten, Forschungsprojekten und Forschungsfinanzierung — etwa im Rahmen von Schwerpunktprogrammen — vorzunehmen. Darauf sei jedoch an dieser Stelle verzichtet.

6.2. Öffentlichkeit

Man kann der Öffentlichkeit nicht vorwerfen, sie zeige kein Interesse an Forschungsergebnissen über geographische Probleme sozialistischer Länder. Die entsprechenden Wirkungsfelder der Geographen reichen von öffentlichen Vorträgen über Fortbildungstagungen zu Schriften für einen weiteren Leserkreis, die nur teilweise in die thematische Analyse einbezogen wurden. Allerdings bestehen weitverbreitete Klischeevorstellungen, die leichter zu bestätigen als auszuräumen sind. Durch die bereits angesprochene Mitwirkung von Geographen in wissenschaftlichen (und populärwissenschaftlichen) Vereinigungen kann diesem Mangel etwas abgeholfen werden. Popularisierung von Forschungsergebnissen (im positiven Sinn des Begriffes) ist sicher besser, als sich in den Elfenbeinturm weltfremder Wissenschaftlichkeit zurückzuziehen. Auch über die Erwachsenenbildung, die sich nicht auf Lehrerfortbildung zu beschränken braucht, gibt es durchaus Wirkungsmöglichkeiten.

6.3. Schule

Das bei weitem wichtigste Wirkungsfeld dürfte allerdings der Schulbereich sein. Hieran sind außer den in der Osteuropa-Forschung aktiv Tätigen auch Schulgeographen in hohem Maß beteiligt. Die bisher erzielten Ergebnisse lassen sich in zwei Gruppen einteilen:

(1) Relativ groß und hier nicht im einzelnen zu besprechen ist die Zahl von Materialaufbereitungen und Handreichungen für den Geographie-Unterricht, die teilweise auch als „graue" Literatur verteilt werden. Teilweise sind diese Publikationen von „Moden" und „Zufällen" abhängig. So hat die Öffnung Chinas für westliche Reisegruppen seit etwa 1978 zu zahlreichen unterrichtsbezogenen Artikeln geführt (GEERS 1980; KREIBICH 1980; MANTHEY u. VOIGT 1980; HASSEN-

PFLUG 1981; TAUBMANN 1981; vgl. Themenhefte von *Praxis Geographie* 1980/4, *Geographische Rundschau* 1981/3, *Geographie heute* 1981/4). Die Sowjetunion wurde mit Heften der *Praxis Geographie* (1981/3 und /4) und der *Geographischen Rundschau* (1983/11) bedacht. Mehrere Aufsätze in der *Geographischen Rundschau* gingen aus der über das Ostkolleg in Köln in Zusammenarbeit mit den Geographenverbänden (vor allem Schulgeographen) geförderten Zusammenarbeit hervor; im Anschluß an eine Exkursion des Ostkollegs (mit Schulgeographen und dem Verband für Geographie und ihre Didaktik) veröffentlichten BRANDES (1978), KARGER (1978), OLSZEWSKI (1978), PAWLITTA (1978) einige Artikel über stadtgeographische Probleme für die Verwendung in der Schulpraxis (vgl. zu Polen auch *Geographie heute* 1981/8). Daß sich „Moden" lange halten können, zeigen etwa die berühmten Raumbeispiele „nordkazachische Neulanderschließung" (GEIPEL 1964; WEIN 1980a) oder „Bratsk als Beispiel für die Industrieerschließung Sibiriens" (KARGER 1966). Der Wert dieser Beispiele soll nicht bestritten werden, doch ist es unbedingt nötig, von Zeit zu Zeit Anpassungen vorzunehmen, wie es für Sibirien etwa durch die Hervorhebung des Baus der Bajkal-Amur-Magistrale geschah (KARGER 1980; vgl. STADELBAUER 1981 mit Textauszügen für die Schulpraxis). Es ist in diesem Zusammenhang zu bedauern, daß Ostmitteleuropa und Südosteuropa zu Stiefkindern des Erdkundeunterrichts degradiert wurden, so daß sich die Klischeevorstellung von der kompromißlosen Übernahme sowjetischer Organisationsmodelle durch diese Länder herausbilden und festigen konnte.

(2) Eine zweite Gruppe sind die von Osteuropakundlern verfaßten, aber für einen weiteren Leserkreis (und damit auch für die Schule) bestimmten Arbeiten, in denen Ergebnisse von Detailstudien je nach Transferbedeutung aufbereitet werden. Viele dieser Arbeiten haben länderkundlichen Charakter, wie die Bände über die Sowjetunion und Polen in der Reihe *Studienbücher Geographie* (KARGER 1979; BUCHHOFER 1981;

BIEHL 1979) oder die *Länderprofile* (BÜSCHENFELD 1981: Jugoslawien; ECKART 1981: DDR; in Vorbereitung: Tschechoslowakei, Sowjetunion) zeigen. Auch einige kurze länderkundliche Einführungen in schulgeographischen Zeitschriften oder Publikationen der Zentralen für politische Bildung sind in diesem Zusammenhang zu nennen (z.b. BUCHHOFER 1981a zu Polen; KARGER 1981 zur Sowjetunion; SPERLING 1983 zur DDR). Zweifellos besteht aber immer noch ein Bedarf an regionalgeographisch fundierten Unterrichtsbeispielen, wie sie in einigen Themen- oder Regionenheften der schulgeographischen Zeitschriften veröffentlicht wurden. Auch die als Materialsammlungen und Kurzanalysen gedachten Hefte der *Fragenkreise* wären hier anzuführen, von denen sich inzwischen über ein halbes Dutzend mit Fragen der sozialistischen Länder befaßt (ECKART 1979; FÖRSTER 1980, 1981; WEIN 1980, 1981a; WIEBE 1977; KAMINSKE 1979).

Obwohl die Liste von Veröffentlichungen, in denen Arbeitsergebnisse aus der Regionalforschung für schulpraktische Zwecke umgesetzt werden, mühelos erweitert werden könnte (man denke nur z.b. an die Erläuterungsbände zu den gängigen Schulatlanten; vgl. die bibliographische Erfassung bei SPERLING 1981/82), besteht noch immer ein Bedarf. Wenn bei Gesprächen oder in Korrespondenzen über den Inhalt unserer Schulbücher von östlicher Seite Vorwürfe erhoben werden, so geschieht dies nicht nur unter den bekannten andersartigen gesellschaftspolitischen Rahmenbedingungen, sondern auch, weil einzelne Darstellungen einfach nicht (mehr) der Realität entsprechen. Hier gewinnt selbst eine traditionell länderkundlich betriebene Arbeit eine Legitimation, die ein Kritiker des Wissenschaftsanspruches von Länderkunde (BARTELS 1981) wiederum akzeptieren müßte.

Dieser Aspekt wird auch deutlich, wenn man die wenigen geographie-didaktischen Untersuchungen beachtet, die sich auf die sozialistischen Staaten beziehen (vgl. z.B. BARTH 1973; DWARS 1974; SPERLING 1976a, 1977, 1981a; STADEL-

BAUER 1980; WÖHLKE 1981; *Der Geographieunterricht im Bildungssystem Polens und der Tschechoslowakei,* 1981). Kürzere Darstellungen zum Geographieunterricht in sozialistischen Ländern ergänzen diese Studien und vermitteln Vergleichsmöglichkeiten (SPERLING 1980; MAKSAKOWSKI u. ROM 1981 sowie MAKSAKOVSKY 1982 zur UdSSR; JÜNGST, KÜCHLER u. SCHULZE-GÖBEL 1979 und BÖHN 1982 zur VR China; SPERLING 1979 und 1975, 1977a, 1982b zur DDR; BARBAG 1982 zu Polen; SPERLING 1982c zur ČSSR; PROBALD 1982 zu Ungarn; vgl. auch BACHMAIER 1979 und 1979a zum Bildungswesen Jugoslawiens). Und es gehört auch die Rezeption ausländischer Arbeiten zum Berichtsraum hierher. Der Teilabdruck eines DDR-Textes (Geographieunterricht in der DDR, 1974), zwei Literaturberichte von SPERLING (1982) zur DDR sprechen unmittelbar den Lehrer an, andere Hinweise, die auch nicht-deutsche Veröffentlichungen vorstellen, betreffen die UdSSR (BARTH 1981) und China (DÜRR 1982 Anh.).

6.4. Zusammenfassung

Der Blick auf die Wirkungsfelder der Regionalforschung war eher andeutend als ausführend. Eine exakte Evaluierung der „Gesellschaftsrelevanz" konnte nicht vorgenommen werden. Es kann aber nicht bezweifelt werden, daß bessere regionalgeographische Kenntnisse über die sozialistischen Länder zu den entwicklungswürdigen Bildungsgütern gehören, da sie gleichermaßen der Wissenschaft (und damit auch der wissenschaftlichen Begründung von wirtschaftlichen und politischen Entscheidungen), der öffentlichen Kenntnis und der schulischen Bildung entsprechen. Der als methodischer Ansatz genannte Systemvergleich bietet auch hier einen wichtigen, motivierenden Anreiz. Mag auch deutliche Skepsis gegenüber den Möglichkeiten der geographischen Regionalforschung in sozialistischen Ländern berechtigt und Frustation bei den damit Befaßten häufig sein, so kann doch das Plädoyer nur nachdrücklich für eine unvoreingenommene Fortsetzung des in den 70er Jahren (und teilweise schon früher) eingeschlagenen Weges werben. Hier werden übergreifende Bildungsziele wie die internationale Verständigung, das Interesse an politischen Vorgängen und damit die Demokratisierung der Gesellschaft durch eine Arbeitsrichtung ergänzt, die den Bezug des menschlichen Handelns zum Raum in den Vordergrund rückt.

7. EINHEIT UND VIELFALT DER GEOGRAPHISCHEN REGIONALFORSCHUNG ÜBER SOZIALISTISCHE LÄNDER

Die Ländergruppe der sozialistischen Staaten Eurasiens wurde in diesem Literaturbericht als Einheit betrachtet, doch machte schon der Hinweis auf die methodischen Grundlagen räumlicher Systemanalyse deutlich, daß mit diesem Zweig der regionalen Geographie überkommene Ordnungsprinzipien aufgegeben werden müssen. So haben SPERLING (1981b) und vor allem WÖHLKE (1975, S. 52; 1982, S. 85 ff.) darauf verwiesen, daß die frühere Raumeinheit „Mitteleuropa" − bedingt durch die Grenze zwischen politischen Systemen − nicht mehr existiere, vor allem nicht im Bewußtsein der jüngeren Generation. Zum anderen zeigte der Literaturüberblick, daß sich innerhalb der Regionalforschung über sozialistische Länder mehrere nach Staaten oder Staatsgruppen unterscheidbare Teilzweige ausmachen lassen. Sie finden ihre Begründung teils in historischen Bindungen, die sich auf Einzelpersonen, Wissenschaftsorganisation oder Interessenlage auswirken, teils in politischen Konstellationen der Gegenwart. Mit allen Vorbehalten gegen eine eindimensionale Klassifikation lassen sich die folgenden regionalen Teilzweige nennen:

− die DDR-Forschung, für die die gegenwartsbezogene geographische Arbeit wegen äußerer Erschwernisse und der Möglichkeit, die DDR-interne Forschung ohne größere sprachliche Schwierigkeiten zu rezipieren, recht bescheiden bleibt;

− die Ostmitteleuropa-Forschung, die von wenigen Wissenschaftlern meist in individueller Arbeit getragen wird, die außerdem in hohem Maß von kulturpolitischen Schwankungen belastet ist, die aber durch den Johann-Gottfried-

Herder-Forschungsrat einen institutionellen Rahmen besitzt;

- die Südosteuropa-Forschung, die durch verstärkte Wissenschaftskontakte, teilweise günstigere Arbeitsbedingungen (vor allem in Jugoslawien) und historisch gewachsene Verbindungen (besonders von Österreich ausgehend) im Berichtszeitraum für einzelne Länder besonders reiche Ergebnisse brachte;
- die Sowjetunion-Forschung, für die zwar ein einheitlicher organisatorischer Rahmen fehlt, die aber mit gesunder Konkurrenz und Arbeitsteilung von verschiedenen Stellen aus betrieben wird;
- die Ostasien- bzw. speziell China-Forschung, die durch verbesserte Reise- und Informationsmöglichkeiten seit Ende der 70er Jahre einen gewissen Aufschwung erlebte, inzwischen aber — nicht zuletzt wegen der sehr hohen sprachlichen Barriere — vorläufige Grenzen erreicht zu haben scheint;
- die Zentralasien-Forschung, die sich an der geoökologischen Hochgebirgsforschung orientiert und randlich die Anthropogeographie (im Sinne der Einbindung menschlicher Lebensräume in naturgeographische Bindungen) einbezieht.

Gemeinsam ist diesen sechs Teilzweigen, daß kulturgeographische Regionalanalyse nicht ohne eine Auseinandersetzung mit den ideologischen und politischen Rahmenbedingungen möglich ist; Regionalforschung über diese Länder ist daher auch immer ein Stück Sozialismusforschung oder Politikwissenschaft im weitesten Sinn. Der Arbeitsansatz 'Systemanalyse und Systemvergleich' macht dies besonders deutlich. Zu den wichtigsten allgemeinen Ergebnissen gehört aber auch die Feststellung, daß unter den konkreten Bedingungen zwischen der deutsch-deutschen Grenze und den westlichen Randmeeren des Pazifischen Ozeans keine uniforme Ausprägung kulturlandschaftlicher Erscheinungen und sozioökonomischer Raumstrukturen gegeben ist, sondern eine sowohl von historischen

Entwicklungen wie aktuellen raumwirksamen Eingriffen geschaffene Vielfalt. Sie weiterhin differenziert zu erfassen, bleibt vorrangiges Ziel der geographischen Regionalforschung in dieser Ländergruppe.

VERZEICHNIS DER ABKÜRZUNGEN
FÜR ZEITSCHRIFTEN UND REIHEN

Ber.BInst.f.ostw.u.intern.St.	Berichte des Bundesinstituts für ostwissenschaftliche und internationale Studien
Ber.z.dt.Landesk.	Berichte zur deutschen Landeskunde
Erdkunde	Erdkunde, Archiv für wissenschaftliche Geographie
Gieß.Abhandl.	Osteuropastudien der Hochschulen des Landes Hessen. Reihe I: Gießener Abhandlungen zur Agrar- und Wirtschaftsforschung des europäischen Ostens
GR	Geographische Rundschau
GZ	Geographische Zeitschrift
MÖGG	Mitteilungen der Österreichischen Geographischen Gesellschaft
MSSW	Münchner Studien zur Sozial- und Wirtschaftsgeographie
PGM	Petermanns Geographische Mitteilungen
SovG	Soviet Geography: Review and Translation
Veröff.ARL	Veröffentlichungen der Akademie für Raumforschung und Landesplanung
Z.f.Geomorph., N.F.	Zeitschrift für Geomorphologie, Neue Folge
Z.f.Ostf.	Zeitschrift für Ostforschung
Z.f.WGeogr.	Zeitschrift für Wirtschaftsgeographie

LITERATURVERZEICHNIS

AGANBEGYAN, A.G. (Hrsg.) (1981): Regional Studies for Planning and Projecting. The Siberian Experience. The Hague, Paris, New York = Regional Planning, Vol. 7.

AGANBEGYAN, A.G, M.K. BANDMAN, A.G. GRANBERG (1976): Programme-objective Approach and Mathematical Models in Research of Development Perspectives for Siberia. — Geoforum 7, S. 183-192.

Agrar- und Ernährungswirtschaft in West- und Osteuropa (1982). Münster—Hiltrup = Schriftenreihe des Bundesministers für Ernährung, Landwirtschaft und Forsten. Reihe C.: Agrarpolitische Berichte der Organisation für Wirtschaftliche Zusammenarbeit und Entwicklung (OECD), Sonderheft.

AHLBERG, R. (Hrsg.) (1969): Soziologie in der Sowjetunion. Ausgewählte sowjetische Abhandlungen zu Problemen der sozialistischen Gesellschaft. Freiburg i.Br. = Sozialwissenschaft in Theorie und Praxis, 9.

AI, N.S., A.E. SCHEIDEGGER (1981): Valley trends in Tibet. — Z.f. Geomorph., N.F. 25, S. 203-212.

Almgeographische Studien in den slowenischen Alpen (1969). Kallmünz = MSSW 5.

AN Keshi (1980): Thermal Springs in China. — GeoJournal 4, S. 507-513.

ANGERMEIER, H.-O., J.-U. PASDACH (1972): Das Kupfer-Projekt Udokan in der UdSSR. Die Erschließung der größten Kupferlagerstätte der Welt als Beispiel sowjetisch-westlicher Kooperation zur Entwicklung Sibiriens? — Osteuropa-Wirtschaft 17, S. 1-26.

ANTAL, Z. (1973): Wirtschaftsgeographische Charakteristik der Leichtmetallindustrie des RGW (Comecon). — Geoforum 16, S. 76-85.

ANWEILER, O. (1977): 25 Jahre Osteuropaforschung — Wissenschaft und Zeitgeschichte. — Osteuropa 27, S. 183-191.

Atlas der Donauländer (1977 ff.) (Hrsg.): Östereichisches Ost- und Südosteuropa-Institut Wien. Red.: J. BREU. Wien Lfrg. 1 ff.

Atlas zur Interpretation aerokosmischer Multispektralaufnahmen. Me-

thodik und Ergebnisse (1982). Berlin (0), Moskau.

BABIČ, R. (1979): Das Interesse slowenischer Wirtschaft an der Intensivierung der touristischen Ströme über offene Grenzen Jugoslawiens. Eine Fremdenverkehrsperspektive. — *Tourism and Borders.* Frankfurt a.M. (= Frankfurter Wirtschafts- und Sozialgeographische Schriften, 31), S. 1-11.

BACHMAIER, P. (1979): Aspekte der Bildungs- und Wissenschaftspolitik Jugoslawiens 1944 - 1979. Wien.

BACHMAIER, P. (1979a): Bildungswesen und Wissenschaft in Jugoslawien, 1944 -1978. — Österreichische Osthefte 21, S. 138-152.

BACHVAROV, M. (1979): The Tourist Traffic between the Balkan States and the Role of the Frontiers. — *Tourism and Borders.* Frankfurt a.M. (= Frankfurter Wirtschafts- und Sozialgeographische Schriften, 31), S. 129-138.

BACSÓ, N. (1971): Das Klima des Donauraumes. — Geoforum 6, S. 33-39.

BAHRENBERG, G., J. LOBODA (1973): Einige raum-zeitliche Aspekte der Diffusion von Innovationen am Beispiel der Ausbreitung des Fernsehens in Polen. — GZ 61, S. 165-194.

BAIER, R. (1980): Der deutsche Osten als soziale Frage. Eine Studie zur preußischen und deutschen Siedlungs- und Polenpolitik in den Ostprovinzen während des Kaiserreichs und der Weimarer Republik. Köln, Wien.

BALZER, M., B. WELTIN (1982): Räumliche Disparitäten und die Entwicklung des Siedlungsgefüges in mittel- und südosteuropäischen sozialistischen Staaten seit 1970. Ein Beitrag zu aktuellen siedlungs- und stadtgeographischen Entwicklungstendenzen in der DDR, Polen, der ČSSR, Ungarn, Rumänien und Bulgarien. — GZ 70, S. 35-55.

BANDMAN, M.K. (Hrsg.) (1976): Applied Questions of Using Optimization Models for Territorial-Production Complexes. Novosibirsk.

BARBAG, J. (1974): Die Bevölkerungsstruktur Polens. — GR 26, S. 489-491.

BARBAG, J. (1982): Geographieunterricht in Polen. — HAUBRICH, H. (Hrsg.), S. 194-196.

BARISS, N., A. BRONGER (1981): Natürliche und anthropogene Owragibildung in verschiedenen Klimazonen. Ein Beitrag z. Morphodynamik in Lößgebieten. — Z.f.Geomorph., N.F. 25, S. 180-202.

BARTELS, D. (1981): Länderkunde und Hochschulforschung. — BÄHR, J., R. STEWIG (Hrsg.): Beiträge zur Theorie und Methodik der Länderkunde. Kiel (= Kieler Geograph. Schriften, 52), S. 43-49.

BARTH, J. (1966): Einführung in die Stadtgeographie von Leningrad. – GR 18, S. 18-27.

BARTH, J. (1973): Curriculare Probleme in der Sekundarstufe I am Beispiel der Weltmächte USA und Sowjetunion. – GR 25, S. 55-61, 73.

BARTH, J. (1978): Nowosibirsk mit Akademgorodok – „Hauptstadt" Sibiriens. – GR 30, S. 350-357.

BARTH, J. (1980): Die Wirtschaftsbezirke („Ökonomische Rajone") der UdSSR. – Festschrift Helmut Winz. Berlin, S. 87-125.

BARTH, J. (1981): Die Sowjetunion im Geographieunterricht der achtziger Jahre – insbesondere in der SII. – Praxis Geographie 11, S. 82-86.

BARTHEL, H. (1962): Agrargeographische Beobachtungen in der Mongolischen Volksrepublik. – Deutscher Geographentag Köln 1961. Tagungsbericht und wissenschaftliche Abhandlungen. Wiesbaden, S. 226-237.

BARTKOWSKI, T. (1979): Die natürliche Attraktivität der Territorien der Länder des nichtsozialistischen Europas für die Erholung. – Festschrift K.A. Sinnhuber zum 60. Geburtstag. II. Teil. Wien (= Wirtschaftsgeographische Studien, 5), S. 27-45.

BAUČIĆ, I. (1973): Strukturen und Probleme der Wanderung jugoslawischer Arbeitnehmer in das Ausland. – Sozialgeographische Probleme Südosteuropas. Kallmünz (= MSSW 7), S. 31-40.

BAUČIĆ, I. (1975): Die jugoslawische Auswanderung im Lichte des Nord-Süd-Konflikts. – LEGGEWIE u. NIKOLINAKOS (Hrsg.): Europäische Peripherie. Zur Frage der Abhängigkeit des Mittelmeerraumes von Westeuropa. Meisenheim a.G.

BAUER, G. (1969): Sozialgeographische Untersuchungen zur Entwicklung des nordwestlichen Primorje (Jugoslawien) unter dem Einfluß von Fremdenverkehr und Industrialisierung. – Geografisch Tijdschrift 3, S. 118-126.

BELUSZKY, P. (1975): Hierarchie der Siedlungen in Ungarn. – PGM 119, S. 40-53.

BERENTSEN, W.H. (1980): Spatial pattern of retail sales per capita in the German Democratic Republic and East Berlin. – Die Erde 111, S. 293-300.

BERÉNYI, I. (1973): Die Änderung der räumlichen Struktur der Landwirtschaft in der Umgebung von Kiskőrös. – Sozialgeographische Probleme Südosteuropas. Kallmünz (= MSSW 7), S. 105-113.

BERÉNYI, I. (1980): Die geographischen Typen der Brache in Ungarn. – Erdkunde 34, S. 36 - 46.

BETKE, D., J. KÜCHLER (1980): Wachsende regionale Disparitäten –

auch in der VR China? – YU Cheung-Lieh (Hrsg.): Chinas neue Wirtschaftspolitik. Frankfurt a.M., New York, S. 167-239.

BEUERMANN, A. (1967): Fernweidewirtschaft in Südosteuropa. Ein Beitrag zur Kulturgeographie des östlichen Mittelmeergebietes. Braunschweig.

BEUERMANN, A. (1973): Zur Siedlungsgeographie Siebenbürgens. – Korrespondenzblatt des Arbeitskreises für Siebenbürgische Landeskunde, III. Folge, 3, S. 95-108.

Die Bezirke der Deutschen Demokratischen Republik. Ökonomische Geographie (1974). Hrsg. v. H. KOHL u.a., Gotha / Leipzig.

BIEHL, M. (1979): Die Landwirtschaft in China und Indien. Vergleich zweier Entwicklungswege. Neubearbeitung. Frankfurt a.M.

BINNENBRUCK, H.-H. (1977): Avoidance of New Conflict Situations in the East-West-Road-Transport. – GeoJournal 1, S. 61- 64.

BLAŽEK, M. (1978): Das Siedlungssystem der Tschechoslowakei. – *Festschrift Karl A. Sinnhuber zum 60. Geburtstag. 1. Teil.* Wien (= Wirtschaftsgeographische Studien, 4), S. 27-39.

BÖHM, E. (1981): Die Brennstoffwirtschaft der UdSSR. Eine Untersuchung über die Entwicklung in den siebziger Jahren. Hamburg = Veröffentlichungen des HWWA – Institut für Wirtschaftsforschung, Hamburg.

BÖHN, D. (1982): Geographieunterricht in der Volksrepublik China. – HAUBRICH, H. (Hrsg.), S. 61- 66.

BÖSE, M. (1982): Bericht über den XI. INQUA-Kongreß in Moskau. – Die Erde 113, S. 313-316.

BOHMANN, A. (1969-1975): Menschen in Grenzen. Bd. 1- 4. Köln.

BOLZ, K. (1981): Die Erfahrungen deutscher Unternehmen aus der Kooperation mit polnischen Wirtschaftsorganisationen. Hamburg = Veröffentlichungen des HWWA – Institut für Wirtschaftsforschung, Hamburg.

BORAI, Á. (1979): Neue Industriestandorte und neue Industriestädte in Ungarn. – MÖGG 121, S. 77-93.

BORN, H.-P. (1983): Kernenergie in der Sowjetunion. Aktueller Stand und Perspektiven. – Atomwirtschaft 1983, S. 645 - 648.

BRANDES, H. (1978): Łódź. Planungselemente einer polnischen Industriestadt. – GR 30, S. 481- 484.

BRAUMANN, F., B. GRANSOW, V. PETERS, D. REHN, M. SCHÄDLER (1983): Wirtschaftsreformen in der VR China 1978-1982. Frankfurt a.M., New York.

BREBURDA, J. (1965): Bodenveränderungen in den sowjetischen Neulandgebieten unter dem Einfluß moderner Kulturmaßnahmen. – *Agrar-, Wirtschafts- und Sozialprobleme Mittel- und Osteuropas in*

Geschichte und Gegenwart. Wiesbaden (= Gieß.Abhandl., 32), S. 11-28.

BREBURDA, J. (1966): Bedeutung der Bodenerosion für die Auswirkung der landwirtschaftlichen Nutzung von Böden im osteuropäischen und zentralasiatischen Raum der Sowjetunion. Wiesbaden = Gieß.Abhandl., 34.

BREBURDA, J. (1973): Boden- und Landschaftsschutz in der Sowjetunion. – Mitteilungen der Deutschen Landwirtschaftsgesellschaft (DLG) 88, H. 22, S. 631- 632.

BREBURDA, J., B. FRENZEL, H. ZAKOSEK (ca. 1983): Bodenformung und -bewegung in der sibirischen Tundra und Taiga. Berichte über zwei Studienreisen nach West- und Ostsibirien vom 22.9. bis 4.10.1980 und vom 18.7. bis 4.8.1982. Trier = Universität Trier. Forschungsstelle Bodenerosion, Mertesdorf (Ruwertal), 8.

BREMER, H., O. SLAYMAKER, H. LIEDTKE (1977): Berichte über den 23. Kongreß der Internationalen Geographischen Union in der UdSSR. – Z.f.Geomorph., N.F. 21, S. 100 -104.

BRONGER, A. (1970): Zur quartären Klimageschichte des Karpatenbeckens auf bodengeographischer Grundlage. – Deutscher Geographentag Kiel, 1969. Tagungsbericht und wissenschaftliche Abhandlungen. Wiesbaden, S. 233-247.

BRONGER, A. (1970a): Zur Mikromorphologie und zum Tonmineralbestand von Böden ungarischer Lößprofile. – Eiszeitalter und Gegenwart 21, S. 122-144.

BRONGER, A. (1971): Zur Genese und Verwitterungsintensität fossiler Lößböden in Jugoslawien. – YAALON, D.A. (Hrsg.): Palaeopedology, Origin, Nature and Dating of Palaesols, Symposium Amsterdam 1970. Jerusalem, S. 271-281.

BRONGER, A. (1976): Zur quartären Klima- und Landschaftsentwicklung des Karpatenbeckens auf (paläo-)pedologischer und bodengeographischer Grundlage. Kiel = Kieler Geographische Schriften, 45.

BRONGER, D. (1967): Der Kampf um die sowjetische Agrarpolitik 1925-1929. Ein Beitrag zur Geschichte der kommunistischen Opposition in Sowjetrußland. Köln 1967.

BROOK, S.I. (1980): Demographical and Ethnogeographical Changes in the USSR According to Post-War Census Data up to 1979. – GeoJournal, Suppl. No. 1, S. 7-21.

Brüche im Chinabild. Aufarbeitung von Erfahrungen einer Exkursion (1979); (Hrsg.:) JÜNGST, P., J. KÜCHLER, Chr. PEISERT, H.-J. SCHULZE-GÖBEL. Kassel = Urbs et Regio 16.

BRUNNACKER, K., D. JÁNOSSY, E. KROLOPP, I. SKOFLEK, B. URBAN (1980): Das jungmittelpleistozäne Profil von Süttö 6 (Westungarn). — Eiszeitalter und Gegenwart 30, S. 1-18.

BRUNNER, G., B. MEISSNER (Hrsg.) (1980): Verfassungen der kommunistischen Staaten. Paderborn usw.

BRUNNER, G., K. WESTEN (1970): Die sowjetische Kolchosordnung (mit Dokumenten). Von den Anfängen zum 3. Musterstatut 1969. Stuttgart.

BUCHHOFER, E. (1967): Die Bevölkerungsentwicklung in den polnisch verwalteten deutschen Ostgebieten von 1956-1965. Kiel = Schriften des Geographischen Instituts der Universität Kiel, XXVII/ 1.

BUCHHOFER, E. (1968): Der Aufsiedlungsgrad der polnisch verwalteten deutschen Ostgebiete von 1946-1966. — GR 20, S. 365-372.

BUCHHOFER, E. (1968a): Die Entwicklung der Bevölkerungswissenschaft in Polen nach 1945. — Z.f.Ostf. 17, S. 297-335.

BUCHHOFER, E. (1968b): Zur räumlichen Verwaltungsgliederung des nördlichen Ostpreussens von 1955 bis 1967. — Ber.z.dt.Landesk. 41, S. 129-134.

BUCHHOFER, E. (1972): Zur Prozedur der Standortbestimmung staatlicher Industrieinvestitionen in Polen. — Institut für Raumordnung, Informationen 22, H. 2, S. 47-53.

BUCHHOFER, E. (1973): Kattowitz (Katowice) — die Metropole des Oberschlesischen Industriegebiets. — Die Erde 104, S. 132-156.

BUCHHOFER, E. (1973a): Ein neues Großstahlwerk im Oberschlesischen Industriegebiet. — Z.f.WGeogr. 17, S. 6-9.

BUCHHOFER, E. (1974): Strukturprobleme des Oberschlesischen Industriereviers (GOP). — GR 26, S. 492-498.

BUCHHOFER, E. (1975): Die gewerbliche Wirtschaft Oberschlesiens seit 1945. — BAHR, E., R. BREYER, E. BUCHHOFER: Oberschlesien nach dem Zweiten Weltkrieg. Verwaltung-Bevölkerung-Wirtschaft. Marburg/L., S. 98-264.

BUCHHOFER, E. (1976): Strukturwandel des Oberschlesischen Industrriereviers unter den Bedingungen einer sozialistischen Wirtschaftsordnung. Kiel = Kieler Geographische Schriften, 46.

BUCHHOFER, E. (1979): Der Ausbau der polnischen Eisen- und Stahlindustrie seit 1970. — Z.f.Ostf. 28, S. 28-66.

BUCHHOFER, E. (1981): Polen. Raumstrukturen — Raumprobleme. Frankfurt a.M. usw. = Studienbücher Geographie.

BUCHHOFER, E. (1981a): Polen in der Ernährungskrise. — Geographie heute 2, H. 8, S. 2-10.

BUCHHOFER, E. (1982): Flächennutzungsveränderungen in Polen. — BUCHHOFER, E. (Hrsg.): Flächennutzungsveränderungen in Mitteleuropa. Marburg (= Marburger Geographische Schriften, 88), S. 145-

126

174.

BÜSCHENFELD, H. (1981): Jugoslawien. Stuttgart = Länderprofile.

BÜSCHENFELD, H. (1982): Raumnutzungskonflikt am Kvarner — Tourismus und Hafenexpansion. — Erdkunde 36, S. 287-299.

BÜSCHENFELD, H. (1982a): Kosovo — Gefahrenherd für den Bestand Jugoslawiens. — GR 34, S. 180-186.

BULLER, H.-G. (1982): Duerre- und Frostperioden als oekologische Limitierungsfaktoren in den kontinentalen Weizenbaugebieten der nordhemisphaerischen Aussertropen. Diss. Geowiss.Fak. Freiburg i.Br.

CAILLEUX, A. (1972): Contribution de la morphoscopie des sables à la géomorphologie de l'URSS et du Nord-Ouest de la Chine. — HÖVERMANN, J., G. OBERBECK (Hrsg.): Hans-Poser-Festschrift. Göttingen (= Göttinger Geographische Abhandlungen, 60), S. 39-63.

CARRÈRE D'ENCAUSSE, H. (1979): Risse im roten Imperium. Das Nationalitätenproblem in der Sowjetunion. Wien usw.

Le Caucase. Choix d'articles publiés à l'occasion du premier Symposium Franco-Soviétique Alpes-Caucase (1981) = Revue de Géographie Alpine 69, No. 2 (Spécial Caucase).

ČEBOTAREVA, N.S. (1981): Gibt es eine eigene Moskauer Eiszeit? — Z.f.Geomorph., N.F. 25, S. 99-109.

CHEN, C.-S., K.-N. AU (1972): The Petroleum Industry of China. — Die Erde 103, S. 316-333.

CHEN, T.K. (1977): Die Volksrepublik China. Nord und Süd in der Entwicklung. Mit den Beiträgen: ,,Ausgewählte Kommunen — regionale Gegensätze und Differenzierungen" (aus: K. BUCHANAN, The Transformation of the Chinese Earth) und ,,China nach Mao" von Harry HAMM. Stuttgart = Länderprofile.

CLEMENT, H. (1974): Die Roh- und Grundstoffwirtschaft der Sowjetunion. Hamburg.

CRKVENČIĆ, J. (1973): Typen regionaler Bevölkerungsbewegungen in Kroatien 1953-1961. — *Sozialgeographische Probleme Südosteuropas. Aspekte raumdifferenzierender Prozeßabläufe.* Kallmünz (= MSSW 7), S. 41-46.

CZUDEK, T. (1973): Zur klimatischen Talasymmetrie des Westteils der Tschechoslowakei. — MENSCHING, H., A. WIRTHMANN (Hrsg.): Beiträge zur Klimageomorphologie. Stuttgart (= Z.f.Geomorph., N.F. Suppl.Bd. 17), S. 49-57.

DAWSON, A.H. (1971): Warsaw: an example of city structure in free-market and planned socialist environments. — Tijdschrift voor Economische en Sociale Geografie 72, S. 104-113.

DDR Handbuch (1979). Wiss. Leitung: P.Chr. LUDZ unter Mitwirkung von J. KUPPE. Hrsg. v. Bundesministerium für innerdeutsche Beziehungen. 2. völl. überarb. u. erweit. Aufl. Köln.

DEGENHARDT, B. (1973): Zum Strukturwandel in der jugoslawischen Agrarlandschaft. – GR 25, S. 266-271, 296.

DEGENHARDT, B., S. BECKER (1977): Die Agrarregionen und die Agrarstruktur Jugoslawiens. – Z.f.WGeogr. 21, S. 198-206.

DEMEK, J. (1973): Die Klimamorphologie des vulkanischen Gebietes von Changbai-šan in der Koreanischen Volksdemokratischen Republik. – MENSCHING, H., A. WIRTHMANN (Hrsg.): Beiträge zur Klimageomorphologie. Stuttgart (= Z.f.Geomorph., N.F., Suppl. Bd. 17), S. 58-71.

Diercke Weltraumbild-Atlas (1981). Braunschweig.

DINEV, L. (1978): Die Entwicklung und Besonderheiten des Tourismus in Bulgarien. – *Festschrift Karl A. Sinnhuber zum 60. Geburtstag. 1. Teil.* Wien (= Wirtschaftsgeographische Studien, 4), S. 83–91.

DÖRRENHAUS, F. (1971): Ragusa, eine freie Comune an der Ostküste der Adria. – *Forschungen zur allgemeinen und regionalen Geographie. Festschrift für Kurt Kayser.* Wiesbaden (= Kölner Geographische Arbeiten, Sonderband), S. 238-255.

Die Donau als Verkehrsweg Südosteuropas und die Großschiffahrtsstraße Rhein-Main-Donau (1969). München = Südosteuropa-Studien, 14.

DUAN Wanti, PU Qingyu, WU Xihao (1980): Climatic Variations in China during the Quarternary. – GeoJournal 4, S. 515-524.

DÜRR, H. (1978): Volksrepublik China. – SCHÖLLER, P., H. DÜRR, E. DEGE: Ostasien. Frankfurt a.M. (= Fischer Länderkunde, 1), S. 42-208.

DÜRR, H. (1981): Chinas Programm der „Vier Modernisierungen". Anleitungen zur Analyse und Beurteilung seiner Raumwirksamkeit. – GR 33, S. 119-132.

DÜRR, H. (1981a): Was können und was wollen wir von China wissen? – „Geographisches" aus dem Georg Westermann Verlag Braunschweig, 1/1981, S. 2-3.

DÜRR, H. (1982): Ein Besuch bundesdeutscher Geographen in China. Ein Reisebericht. München = Geochina, 7.

DÜRR, H. (1983): Bevölkerungsfragen in der Volksrepublik China. Nach dem dritten Zensus (1982). – GR 35, Beihefter zu H. 4, S. 1-8.

DÜRR, H., U. WIDMER (1983): Inter- und intraregionale Ungleichheiten der Volksrepublik China: historische Wurzeln, aktuelle Ausprägung, planerische Einflußnahme. Vortrag auf dem 44. Deutschen

Geographentag, Münster/Westf., Sitzung 42 „Regionalforschung in sozialistischen Ländern".

DÜRR, H., U. WIDMER (1983a): Provinzstatistik der Volksrepublik China. Provincial Statistics of the People's Republic of China. Hamburg = Mitteilungen des Instituts für Asienkunde Hamburg, 131.

DWARS, F.W. (1974): Die DDR im Geographieunterricht der Bundesrepublik Deutschland. Bestandsaufnahme und Möglichkeiten. – GR 26, S. 233-240.

DZIEWONSKI, K. (1973): Present Research Trends in Polish Urban Geography. – SCHÖLLER, P. (Hrsg.): Trends in Urban Geography. Reports on Research in Major Language Areas. Paderborn (= Bochumer Geographische Arbeiten, 16), S. 43-51.

ECKART, K. (1977): Landwirtschaftliche Kooperationen in der DDR. Eine geographische Untersuchung der Struktur und Entwicklung sozialistischer Landwirtschaftsbetriebe. Wiesbaden = Wiss. Paperbacks, Geographie.

ECKART, K. (1979): Die privaten Landwirtschaften in den Ländern Ostmitteleuropas. Ein sozial- und wirtschaftsgeographischer Vergleich. Paderborn = Fragenkreise.

ECKART, K. (1981): DDR. Stuttgart = Länderprofile.

ECKART, K. (1981a): Zur räumlichen und strukturellen Entwicklung der landwirtschaftlichen Betriebe in Polen. – *Westfalen – Nordwestdeutschland – Nordseesektor. Wilhelm Müller-Wille zum 75. Geburtstag von seinen Schülern.* Münster/Westf. (= Westfälische Geographische Studien, 37), S. 365-375.

ECKART, K. (1982): Zur Agrarstruktur in den Ländern Ostmitteleuropas. Eine Analyse ausgewählter landwirtschaftlicher Daten amtlicher statistischer Jahrbücher. Wuppertal = Wuppertaler Geographische Studien, 3.

ECKART, K. (1982a): Viehbesatz und tierische Produktion in den Ländern Ostmitteleuropas. – Z.f.WGeogr. 26, S. 37-46.

ECKART, K. (1982b): Der polnische Außenhandel (1970-1980). – Deutsche Ostkunde 1982, H. 4, S. 90-95.

ECKART, K. (1983): Polen. Regionale und strukturelle Entwicklungsprobleme eines sozialistischen Landes. Paderborn usw. = UTB 1246.

ECKART, K., U. SIEDENSTEIN (1983): Die landwirtschaftliche Bodennutzung der DDR im Wandel. Eine Darstellung mit Hilfe der linearen Einfachregression. – Zeitschrift für Agrargeographie 1, H. 1, S. 45-66.

EGER, T. (1978): Partizipation, Dezentralisierung und regionale Disparitäten in Jugoslawien. – BACKHAUS, J., T. EGER u. H.G. NUT-

ZINGER (Hrsg.): Partizipation in Betrieb und Gesellschaft. Frankfurt a.M., S. 243-276.

EGER, T. (1980): Das regionale Entwicklungsgefälle in Jugoslawien. Paderborn = Schriften der Gesamthochschule Paderborn, Reihe Wirtschaftswissenschaften, 5.

EHLERS, E. (1970): Die historischen Spiegelschwankungen des Kaspischen Meeres und Probleme ihrer Deutung. – Erdkunde 25, S. 241-249.

EHLERS, E. (1971): Südkaspisches Tiefland (Nordiran) und Kaspisches Meer. Beiträge zur Entwicklungsgeschichte im Jung- und Postpleistozän. Tübingen = Tübinger Geographische Studien, 44 (Sonderh. 5).

EHM, M. (1983): Die polnischen Genossenschaften zwischen Privat- und Zentralplanwirtschaft. Münster = Kooperations- und genossenschaftswissenschaftliche Beiträge, 6.

EHRIG, F.R. (1983): Vegetationsgeographische Gliederung der Insel Rab/Jugoslawien. – Die Erde 114, S. 49-67.

Empfehlungen für Schulbücher der Geschichte und Geographie in der Bundesrepublik Deutschland und in der Volksrepublik Polen (1977). Braunschweig = Schriftenreihe des Georg-Eckert-Instituts für Internationale Schulbuchforschung, 22.

ENGEL, J. (1981): Die chinesische Volkskommune. – Geographie heute 1, H. 4, S. 25-28.

ENYEDI, Gy. (1978): Die Entwicklung der ungarischen Landwirtschaft nach dem Zweiten Weltkrieg. – MÖGG 120, S. 265-279.

ENYEDI, Gy. (1981): Industrie in ungarischen landwirtschaftlichen Großbetrieben. – *Industrialisierung und Urbanisierung in sozialistischen Staaten Südosteuropas.* Kallmünz (= Südosteuropa-Studien, 28; MSSW 21), S. 67-80.

Erhaltung, Erneuerung und Wiederbelebung alter Stadtgebiete in Europa (1981). Bonn = Schriftenreihe „Stadtentwicklung" des Bundesministers für Raumordnung, Bauwesen und Städtebau, 02.023.

Europa (1978). Hrsg. u. bearb. v. W. SPERLING und A. KARGER. Frankfurt a.M. = Fischer Länderkunde, 8.

EVERS, K. (1976): Die Raumplanung in Rumänien und ihre historischen sowie politisch-ökonomischen Voraussetzungen. – *Arbeiten zur Angewandten Geographie und Raumplanung – Arthur Kühn gewidmet.* Berlin (= Abhandlungen des Geographischen Instituts – Anthropogeographie, 24), S. 47-56.

FEITH, P. (1975): Die Energiewirtschaft Jugoslawiens. – *Beiträge zur Wirtschaftsgeographie, 1. Teil.* Wien (= Wiener Geographische Schriften 43/44/45), S. 121-140.

130

FEITH, P. u. L. FEITH (1977/1978): Die Elektrizitätswirtschaft Jugoslawiens. — Wirtschaftsgeographische Studien 1, S. 52- 68 sowie Österreichische Osthefte 20, S. 26 - 40.

FICK, K.E. (1971): Die Großstädte in Mittelasien. — *Wirtschafts- und Kulturräume der außereuropäischen Welt, Festschrift für Albert Kolb.* Hamburg (= Hamburger Geographische Studien, 24), S. 159-197.

FISCHER, D. (1966): Siedlungsgeographie in der Sowjetunion. — Erdkunde 20, S. 211-227.

FISCHER, D. (1981): Nature Reserves of the Soviet Union: An Inventory. — SovG 22, S. 500-522.

FLESSEL, K. (1974): Der Chuang-ho und die historische Hydrotechnik in China unter besonderer Berücksichtigung der Nördlichen Sung-Zeit und mit einem Ausblick auf den vergleichbaren Wasserbau in Europa. Leiden.

FÖRSTER, H. (1971): Das Nordböhmische Braunkohlenbecken. — Erdkunde 25, S. 278 -292.

FÖRSTER, H. (1973): Kulturlandschaftsentwicklung in Nordböhmen, Beispiel: Region Most (Brüx). — Die Erde 104, S. 8-26.

FÖRSTER, H. (1974): Industrialisierungsprozesse in Polen. — Erdkunde 28, S. 217-231.

FÖRSTER, H. (1974a): Umweltprobleme in der Tschechoslowakei. — Osteuropa 24, S. 205-212.

FÖRSTER, H. (1975): Die chemische Industrie in der Tschechoslowakei und die Zusammenarbeit im RGW (Comecon). — Z.f.WGeogr 19, S. 14-18.

FÖRSTER, H. (1978): Nordböhmen. Raumbewertungen und Kulturlandschaftsprozesse 1918-1970. Paderborn = Bochumer Geographische Arbeiten, Sonderreihe, 11.

FÖRSTER, H. (1980): Zur Raumwirksamkeit der Integration in Osteuropa. Paderborn = Fragenkreise.

FÖRSTER, H. (1980a): Wirtschaftswachstum, Industriestandorte und Umweltbelastung in Ost und West. — Tagungsberichte, J.- G.-Herder-Institut, Marburg/L.

FÖRSTER, H. (1981): Umweltbelastungen und Wirtschaftssysteme. Paderborn = Fragenkreise.

FÖRSTER, H. (1982): Zum Problem der Flächennutzungsveränderungen in der Tschechoslowakei. — BUCHHOFER, E. (Hrsg.): Flächennutzungsveränderungen in Mitteleuropa. Marburg (= Marburger Geographische Schriften, 88), S. 125-144.

FRANK, W. (1977): Wandel der landwirtschaftlichen Betriebsformen in Jugoslawien. — Z.f.WGeogr. 21, S. 85-89.

FRANZ, H.-J. (1973): Physische Geographie der Sowjetunion. Gotha / Leipzig.

FRANZKY, H. (1971): Landeskultur und Umweltschutz in der DDR. Hamburg.

FREITAG, U. (1983): Ferdinand von Richthofens ,,Atlas von China" (Idee — Durchführung — Ergebnisse). — Die Erde 114, S. 119-134.

FRIEDRICHS, J. (Hrsg.) (1978): Stadtentwicklungen in kapitalistischen und sozialistischen Ländern. Reinbek = rde 378.

FUCHS, R.J., G.J. DEMKO (1979): Geographic inequality under socialism. — Annals of the Association of American Geographers 69, S. 304 -318.

GABRISCH, H. (1981): Die Leistungsfähigkeit des polnischen Wirtschaftssystems und die Probleme der Wirtschaftsreform. Hamburg.

GEERS, D. (1980): Leben in China. — Geographie im Unterricht 5, S. 281-289.

GEIPEL, R. (1964): Die Neulandaktion in Kasachstan. — GR 16, S. 137-144.

Geochina. Materialien zur Raumentwicklung in der VR China (1979 ff.). Hrsg. v. H. DÜRR u. U. WIDMER. H. 1 ff., München.

Der Geographieunterricht im Bildungssystem Polens und der Tschechoslowakei (1981). Marburg/L. = Wirtschafts- und sozialwissenschaftliche Ostmitteleuropa-Studien, 2.

Geographieunterricht in der DDR. Auszug aus: ,,Allgemeinbildung. Lehrplanwerk. Unterricht. Eine Interpretation des Lehrplanwerks der sozialistischen Schule der DDR unter dem Gesichtspunkt der Gestaltung eines wissenschaftlichen und parteilichen Unterrichts" (1974). — GR 26, S. 241-251.

Geological and Ecological Studies of Qinghai-Xizang-Plateau. Proceedings of Symposium on Qinghai-Xizang (Tibet) Plateau (Beijing, China) (1981). Vols. 1-2. Beijing, New York.

GERLOFF, J.-U., A. ZIMM (1978): Ökonomische Geographie der Sowjetunion. Gotha / Leizpig.

GIESE, E. (1968): Agrare Betriebsformen im Vorland des Tien-Schan. — Erdkunde 22, S. 51- 63.

GIESE, E. (1969): Die Klimaklassifikation von Budyko und Grigor'ev. — Erdkunde 23, S. 317-325.

GIESE, E. (1970): Hoflandwirtschaften in den Kolchosen und Sovchosen Sowjet-Mittelasiens. — GZ 59, S. 175-197.

GIESE, E. (1970a): Die Agrarwirtschaft des Siebenstromlandes in Südkazachstan. Agroklimatische Ausstattung, Entwicklung und Stand. — Die Erde 101, S. 92-122.

132

GIESE, E. (1971): Wachstum und Verteilung der Bevölkerung in der Sowjet-Union. – GZ 59, S. 241-276.

GIESE, E. (1973): Sovchoz, Kolchoz und persönliche Nebenerwerbswirtschaft in Sowjet-Mittelasien. Eine Analyse der räumlichen Verteilungs- und Verflechtungssysteme. Münster/Westf. = Westfälische Geographische Studien, 27.

GIESE, E. (1973a): Die ökonomische Bereichsgliederung im mittelasiatisch-kazachstanischen Raum der Sowjet-Union. – Erdkunde 27, S. 265-279.

GIESE, E. (1974): Landwirtschaftliche Betriebskonzentration und Betriebsvergrößerung in der Sowjet-Union. – GR 26, S. 473- 483.

GIESE, E. (1974a): Zuverlässigkeit von Indizes bei Ariditätsbestimmungen. – GZ 62, S. 179-203.

GIESE, E. (1976): Seßhaftwerden der Nomaden in Kazachstan und ihre Einordnung in das Kolchos- und Sowchossystem. – *Landerschließung und Kulturlandschaftswandel an den Siedlungsgrenzen der Erde.* Hrsg. v. H.-J. NITZ. Göttingen (= Göttinger Geographische Abhandlungen, 66), S. 193-209.

GIESE, E. (1979): Transformation of Islamic Cities in Soviet Middle Asia into Socialist Cities. – FRENCH, R.A., F.E.I. HAMILTON (Hrsg.): The Socialist City. Spatial Structure and Urban Policy. Chichester etc., S. 145 -165.

GIESE, E. (1980): Entwicklung und Forschungsstand der „Quantitativen Geographie" im deutschsprachigen Bereich. – GZ 68, S. 256 - 283.

GIESE, E. (1980a): Aufbau, Entwicklung und Genese der islamisch-orientalischen Stadt in Sowjet-Mittelasien. – Erdkunde 34, S. 46 - 60.

GIESE, E. (1981): Wetterwirksamkeit atmosphärischer Zustände und Prozesse in Sowjet-Mittelasien. – *Westfalen – Nordwestdeutschland – Nordseesektor. Wilhelm Müller-Wille zum 75. Geburtstag von seinen Schülern.* Münster/Westf. (= Westfälische Geographische Studien, 37), S. 395-410.

GIESE, E. (1982): Seßhaftmachung der Nomaden in der Sowjetunion. – SCHOLZ, F., J. JANZEN (Hrsg.): Nomadismus – ein Entwicklungsproblem? Berlin (= Abhandlungen des Geographischen Instituts – Anthropogeographie, 33), S. 219-231.

GIESE, E. (1983): Der private Produktionssektor in der sowjetischen Landwirtschaft. – GR 35, S. 554 -562, 564.

GIESE, E. (1983a): Nomaden in Kasachstan. Ihre Seßhaftwerdung und Einordnung in das Kolchos- und Sowchossystem. – GR 35, S. 575-584, 586-588.

GIESE, E. (1983b): Die Wohnquartiersstruktur der islamisch-orienta-

133

lischen Stadt in Sowjet-Mittelasien (Manuskript in Vorbereitung).

GIESE, E., A. HECHT (1983): Regional variation in the standards of living in the Soviet Union. — A. HECHT (Hrsg.): Regional Developments in the peripheries of Canada and Europe. Winnipeg (= Manitoba Geographical Studies, 8), S. 205-244.

GILLE, H.-W. (1978): Sibirien. Land aus Eis und Tränen. Schatzkammer der Sowjetunion. Wels.

GLAVAČ, V., H. ELLENBERG, I. HORVAT (1972): Vegetationskarte von Südosteuropa (mit Erläuterungstext). Stuttgart.

GOEHRKE, C. (1964): Die Theorien über Entstehung und Entwicklung des „mir". Wiesbaden = Schriften der Arbeitsgemeinschaft für Osteuropaforschung der Universität Münster.

GOEHRKE, C. (1968): Die Wüstungen in der Moskauer Rus'. Studien zur Siedlungs-, Bevölkerungs- und Sozialgeschichte. Wiesbaden = Quellen und Studien zur Geschichte des östlichen Europa, 1.

GOEHRKE, C. (1970): Geographische Grundlagen der russischen Geschichte. Versuch einer Analyse des Stellenwertes geographischer Gegebenheiten im Spiel der historischen Kräfte. — Jahrbücher für Geschichte Osteuropas 18, S. 161-204.

GOEHRKE, C. (1973): Einwohnerzahl und Bevölkerungsdichte altrussischer Städte — Methodische Möglichkeiten und vorläufige Ergebnisse. — Forschungen zur osteuropäischen Geschichte 18, S. 25-53.

GOEHRKE, C. (1975): Historische Geographie Rußlands: Entwicklung als Fach, Definitionsprobleme und Darstellungen. — Jahrbücher für Geschichte Osteuropas 23, S. 381-418.

GOEHRKE, C. (1976): Die geographischen Gegebenheiten Rußlands in ihrem historischen Beziehungsgeflecht. — HELLMANN, M., K. ZERNACK, G. SCHRAMM (Hrsg.): Handbuch der Geschichte Rußlands, Bd. I, Lfrg. 1, Stuttgart, S. 8 -72.

GOEHRKE, C. (1978): Zum Problem des Regionalismus in der russischen Geschichte. Vorüberlegungen für eine künftige Untersuchung. — Forschungen zur osteuropäischen Geschichte 25, S. 75-107.

GOEHRKE, C. (1980): Die Anfänge des mittelalterlichen Städtewesens in eurasischer Perspektive. — Saeculum 31, S. 194 -220, 221-239.

GOHL, D. (1977): Bevölkerungsverteilung und Struktur der Wirtschaftsräume der DDR. Veränderungen 1964 -1974. — GR 29, S. 262-269.

GOLDZAMT, E. (1975): Städtebau sozialistischer Länder. Soziale Probleme. Stuttgart.

GORMSEN, E., B. HARRISS (1976): Kolkhoz Markets in Moscow. — GORMSEN, E. (Hrsg.): Market Distribution Systems. Mainz = Mainzer Geographische Studien, 10, S. 91-100.

GORMSEN, E., B. HARRISS, G. HEINRITZ (1977): Free enterprise in the USSR. — The Geographical Magazine, S. 375-382.

GOSAR, A., V. KLEMENČIČ, R. KOČEVAR, M. PAK, M. ZAGAR (1979): Einfluß des Tourismus auf die Wandlung der Grenzregionen in Slowenien. — *Tourism and Borders*. Frankfurt a.m. (= Frankfurter Wirtschafts- und Sozialgeographische Schriften, 31), S. 13-60.

GRAMATZKI, H.-E. (1974): Räumliche Aspekte der sowjetischen Wirtschaftsplanung. Berlin = Berichte des Osteuropa-Instituts an der Freien Universität Berlin, Reihe Wirtschaft und Recht, 106 (Wirtschaftswissenschaftliche Folge, 34).

GRAMATZKI, H.-E. (1980): Die Regionalpolitik der UdSSR. — *Raumordnung und Regionalplanung in europäischen Staaten. 1. Teil.* Hannover (= Akademie für Raumforschung und Landesplanung, Beiträge, 42), S. 58-62.

GRAMATZKI, H.-E., G. LEMÂN (1977): Arbeiterselbstverwaltung und Mitbestimmung in den Staaten Osteuropas. Hannover.

GROTHUSEN, K.-D. (Hrsg.) (1975): Südosteuropa-Handbuch. Band I. Jugoslawien. Göttingen.

GROTHUSEN, K.-D. (Hrsg.) (1977): Südosteuropa-Handbuch. Band II. Rumänien. Göttingen.

GRÜLL, J. (1977): Der Weg Chinas zum Erdölexportland. — MÖGG 119, S. 103-105.

GÜLKER, E. (1980): Regionalanalyse des Bezirks Frankfurt/Oder. — GR 32, S. 362-366.

GUMPEL, W. (1970): Energiepolitik der Sowjetunion. Köln = Abhandlungen des Bundesinstituts für ostwissenschaftliche und internationale Studien, 24.

GUNIA, E. (1974): Die Waldrodung in der Osteuropäischen Tiefebene. Hamburg = Mitteilungen der Bundesforschungsanstalt für Forst- und Holzwirtschaft, Reinbek, 102.

GUTMANN, G. (Hrsg.) (1983): Das Wirtschaftssystem der DDR. Wirtschaftspolitische Gestaltungsprobleme. Stuttgart, New York = Schriften zum Vergleich von Wirtschaftsordnungen, 30.

HAARMANN, H. (1978): Strukturwandel in der nationalen Zusammensetzung der Bevölkerung in der Moldauischen SSR. — Der Donauraum 23, S. 56-61.

HABERL, O.N. (1978): Die Abwanderung von Arbeitskräften aus Jugoslawien. Zur Problematik ihrer Auslandsbeschäftigung und Rückführung. München = Untersuchungen zur Gegenwartskunde Südosteuropas, 13.

HAFFNER, F. (1978): Systemkonträre Beziehungen in der sowjetischen Planwirtschaft. Ein Beitrag zur Theorie der mixed economy. Berlin = Osteuropa-Institut an der Freien Universität Berlin, Wirtschaftswissenschaftliche Veröffentlichungen, 37.

HAFFNER, W. (1981): Die Exkursion der Academia Sinica durch Süd-Xizang (Tibet) — Beobachtungen und Gedanken. — Erdkunde 35, S. 72-79.

HAHN, E. (1977): Raumplanung und Siedlungspolitik in der Volksrepublik China. — Raumforschung und Raumordnung 35, S. 293-304.

HAHN, E. (1983): Umweltbewußte Siedlungspolitik in China. Frankfurt a.m., New York = Arbeitsberichte des Wissenschaftszentrums Berlin, Internationales Institut für Umwelt und Gesellschaft.

HAHN, R. (1970): Jüngere Veränderungen der ländlichen Siedlungen im europäischen Teil der Sowjetunion. Stuttgart = Stuttgarter Geographische Studien, 79.

HAHN, R. (1979): Der Verdichtungsraum Moskau. Entwicklungstendenzen einer kommunistischen Weltstadt. — *Festschrift für W. Meckelein*. Stuttgart (= Stuttgarter Geographische Studien, 93), S. 267-278.

HALLMANN, P. (1982): Umweltprobleme in der Sowjetunion und ihre Beurteilung in der westlichen Fachliteratur. Unveröff. Staatsexamensarbeit, Institut für Kulturgeographie der Universität Freiburg i. Br.

HAMEL, H. (Hrsg.) (1974): Arbeiterselbstverwaltung in Jugoslawien. Ökonomische und wirtschaftspolitische Probleme. München.

Handbuch der Sowjetverfassung (1983). Redigiert v. M. FINCKE. Band I-II. Berlin = Veröffentlichungen des Osteuropa-Instituts München. Reihe: Wirtschaft und Gesellschaft, H. 19/I u. 19/II.

HARTL, H. (1973): Die Nationalitätenfrage im heutigen Südosteuropa. München = Untersuchungen zur Gegenwartskunde Südosteuropas, 7.

HASSENPFLUG, W. (1981): Wenn der Gelbe Fluß klar fließt. — Geographie heute 1, H. 4, S. 40 -46.

HAUBRICH, H. (Hrsg.) (1982): Geographische Erziehung im internationalen Blickfeld. Braunschweig = Studien zur internationalen Schulbuchforschung, 32.

HAUMANN, H. (1974): Beginn der Planwirtschaft. Elektrifizierung, Wirtschaftsplanung und gesellschaftliche Entwicklung Sowjetrußlands 1917—1921. Düsseldorf.

HAUMANN, H. (1979): Die russische Stadt in der Geschichte. — Jahrbücher für Geschichte Osteuropas 27, S. 481-497.

HAUMANN, H. (1980): Kapitalismus im zaristischen Staat 1906-1917. Organisationsformen, Machtverhältnisse und Leistungsbilanz im Industrialisierungsprozeß. Königstein/Ts.

HEGENBARTH, St., E. SCHINKE (1973): Bodenrecht und Bodennutzung in der polnischen Landwirtschaft. Köln = Ber.BInst.f.ostw.u. intern.St., 56, 1973.

HEINEBERG, H. (1977): Zentren in West- und Ost-Berlin. Untersuchungen zum Problem der Erfassung und Bewertung großstädtischer funktionaler Zentrenausstattungen in beiden Wirtschafts- ur.d Gesellschaftssystemen Deutschlands. Paderborn = Bochumer Geographische Arbeiten, Sonderreihe, 9.

HEINEBERG, H. (1979): West-Ost-Vergleich großstädtischer Zentrenausstattungen am Beispiel Berlins. − GR 31, S. 434 - 443.

HEINEBERG, H. (1979a): Service Centres in East and West Berlin. − FRENCH, R.A., F.E.I. HAMILTON (Hrsg.): The Socialist City. Spatial Structure and Urban Policy. Chichester etc., S. 305-334.

HEITMAN, S. (1980): The Soviet Germans in the USSR Today. Köln = Ber.BInst.f.ostw.u.intern.St., 35-1980.

HELLE, R. (1977): Future of the Rail Container Transport in Eurasia. − GeoJournal 1, No. 3, S. 55-59.

HELLE, R.K. (1979): Observations on tourism between Finland and the Soviet Union. − Tourism and Borders. Frankfurt a.M. (= Frankfurter Wirtschafts- und Sozialgeographische Schriften, 31), S. 163-167.

HELLER, W. (1974): Zum Studium der Urbanisierung in der Sozialistischen Republik Rumänien (ein Literaturbericht). − Die Erde 105, S. 179 -199.

HELLER, W. (1974a): Bevölkerungsgeographische Betrachtung Rumäniens (seit dem 2. Weltkrieg). − Hans Graul-Festschrift. Heidelberg (= Heidelberger Geographische Arbeiten, 40), S. 467- 488.

HELLER, W. (1975): Räumliche Bevölkerungsentwicklung in Griechenland und Rumänien. − Erdkunde 29, S. 300 -314.

HELLER, W. (1979): Regionale Disparitäten und Urbanisierung in Griechenland und Rumänien. Aspekte eines Vergleichs ihrer Formen und Entwicklung in zwei Ländern unterschiedlicher Gesellschafts- und Wirtschaftsordnung seit dem Ende des Zweiten Weltkrieges. Göttingen = Göttinger Geographische Abhandlungen, 74.

HELLER, W. (1981): Sozialistische Landesentwicklung in Rumänien − Anspruch und Wirklichkeit. − Die Erde 112, S. 185-196.

HENNING, I. (1968): Hwang Ho und Yangtze Kiang. Ein Beitrag zur Potamologie. − KELLER, R. (Hrsg.): Flußregime und Wasserhaushalt. Freiburg (= Freiburger Geographische Hefte, 6), S. 87-180.

HENNING, I. (1972): Horizontale und vertikale Vegetationsanordnung im Ural-System. − TROLL, C. (Hrsg.): Geoecology of the High-Mountain Regions of Eurasia. Wiesbaden (= Erdwissenschaftliche

Forschung, IV), S. 17-35.

HENNING, I. (1972a): Die dreidimensionale Vegetationsanordnung in Kaukasien. — TROLL, C. (Hrsg.): Geoecology of the High-Mountain Regions of Eurasia. Wiesbaden (= Erdwissenschaftliche Forschung, IV), S. 182-204.

HEŘMAN, St. (1975): Der Raumplan Polens bis zum Jahr 1990. Hannover = Veröffentlichungen der Akademie für Raumordnung und Landesplanung, Arbeitsmaterial 1975-5.

HESS, M. (1970): Die klimatischen Höhenstufen in den Westkarpaten — heute und in der Vergangenheit. — *Argumenta Geographica. Festschrift Carl Troll zum 70. Geburtstag.* Bonn (= Colloquium Geographicum, 12), S. 78-88.

HETZER, A., V.S. ROMAN (1983): Albanien. Ein bibliographischer Forschungsbericht. Mit Titelübersetzungen und Standortnachweisen. München usw. = Bibliographien zur Regionalen Geographie und Landeskunde, 3.

HEUSELER, H. (Hrsg.) (1977): Unbekannte UdSSR. Satellitenbilder enthüllen die Sowjetunion. Frankfurt a.M.

HÖHMANN, H.-H. (Hrsg.) (1980): Partizipation und Wirtschaftsplanung in Osteuropa und der VR China. Stuttgart usw.

HÖHMANN, H.-H. (Hrsg.) (1983): Die Wirtschaft Osteuropas und der VR China zu Beginn der 80er Jahre. Neuer Aufschwung oder Jahrfünft der Krise? Stuttgart usw.

HÖHMANN, H.-H., G. SEIDENSTECHER, Th. VAJNA (1973): Umweltschutz und ökonomisches System in Osteuropa. Drei Beispiele: Sowjetunion, DDR, Ungarn. Stuttgart usw.

HOFFMANN, M. (1977): Instrumente zur Lenkung der landwirtschaftlichen Bodennutzung in der DDR. Berlin.

HOFFMANN, M. (1978): Das Volkseigentum an Grund und Boden in der DDR. Ziele, Instrumente und Ergebnisse seiner Bewirtschaftung. Köln = Ber.BInst.f.ostw.u.intern.St., 29-1978.

HOFFMANN, M (1978a): Das Schicksal der Bodenreformwirtschaften in der DDR. Ein Beitrag zur Analyse der Agrar- und Eigentumspolitik der SED. Köln = Ber.BInst.f.ostw.u.intern.St., 37-1978.

HOFFMANN, M. (1981): Raumordnungspolitik in der Deutschen Demokratischen Republik. Sammelrezension von einigen in der Bundesrepublik Deutschland und in der DDR erschienenen Veröffentlichungen zur ,,Territorialplanung" der SED. — Ber.z.dt.Landesk. 55, S. 331-341.

HOFFMANN, M. (1982): Der Wandel der Flächennutzung in der Deutschen Demokratischen Republik. Ursachen, Entwicklungen, Hauptbedarfsträger. — BUCHHOFER, E. (Hrsg.): Flächennutzungsveränderungen in Mitteleuropa. Marburg/L. (= Marburger Geographische Schriften, 88), S. 41-75.

HOFMEISTER, B. (1980): Die Stadtstruktur. Ihre Ausprägung in den verschiedenen Kulturräumen der Erde. Darmstadt = Erträge der Forschung, 132.

HORVAT, I., V. GLAVAČ, H. ELLENBERG (1974): Vegetation Südosteuropas. Stuttgart.

HRUŠKA, E. (1967): Zur Stadterneuerung in der ČSSR mit besonderer Berücksichtigung historischer Stadtkerne. − Raumforschung und Raumordnung 25, S. 23-25.

HUMLUM, J. (1977): China meistert den Hunger. Kiel = Geocolleg.

HUŇÁČEK, Zd., E. SCHINKE (1973): Bodenrecht und Bodennutzung in der Landwirtschaft der Tschechoslowakei. Köln = Ber.BInst.f. ostw.u.intern.St., 55.

HURSKÝ, J. (1981): Das Verkehrswesen der Tschechoslowakei im Vergleich zu anderen europäischen RGW-Ländern. − Österreichische Osthefte 23, S. 123-139.

HUTCHINGS, R. (1966): Geographic Influences on Centralization in the Soviet Economy. − Soviet Studies 17, S. 286-302.

ILLÉS, I. (1979): Die Regionalisierung Ungarns als Mittel der Raumplanung (= MÖGG 121), S. 66-76.

IMMLER, H. (1973): Arbeitsteilung, Kooperation und Wirtschaftssystem. Eine Untersuchung am Beispiel der Landwirtschaft in der BRD und in der DDR. Berlin = Volkswirtschaftliche Schriften, 203.

Industrialisierung und Urbanisierung in sozialistischen Staaten Südosteuropas (1981). Kallmünz = MSSW 21 = Südosteuropa-Studien 28.

Inter- und intraregionale Disparitäten ländlicher Einkommen (1980). München = Geochina 3.

ISTEL, W. (1982): Zur Abgrenzung und inneren Gliederung von Agglomerationen in Polen. − *Studien zur Abgrenzung von Agglomerationen in Europa.* Hannover (= Veröff.ARL, Beiträge, 58), S. 289-320.

ISTEL, W., W. NELLNER (1982): Zur Agglomerationsforschung in der Deutschen Demokratischen Republik (DDR). − *Studien zur Abgrenzung von Agglomerationen in Europa.* Hannover (= Veröff.ARL, Beiträge, 58), S. 81-117.

JAEHNE, G. (Hrsg.) (1980): Sowjetische Landwirtschaft und Embargo. Berlin = Gieß.Abhandl., 103.

JAEHNE, G. (Hrsg.) (1981): Sowjet-Landwirtschaft 1981. Berlin = Gieß.Abhandl., 110.

JÄHNIG, W. (1983): Die Siedlungsplanung im ländlichen Raum der

139

Sowjetunion mit besonderer Berücksichtigung des Konzepts der „Agrostadt". Berlin = Gieß.Abhandl., 122.

JÄTZOLD, R. (1979): Beobachtungen und Befragungen zur Land- und Forstwirtschaft der subtropischen Gebiete Mittelchinas am Beispiel des Hsienning-Bezirks südlich von Wuhan. — GZ 67, S. 167-174.

JÄTZOLD, R., K.-H. WEICHERT (1978): The Tachai Brigade in China — A development model for the Third World Countries? — GeoJournal 2, S. 575-581.

JERŠIČ, M., M. NAPRUDNIK (1980): Raumplanung in der Sozialistischen Republik Slowenien. Hannover = Beiträge der Akademie für Raumforschung und Landesplanung, 37.

JORDAN, P. (1981): Der Einfluß des Fremdenverkehrs auf die Bevölkerungsentwicklung der Kvarner und der Norddalmatinischen Inseln. — Österreichische Osthefte 23, S. 140 -163.

JORDAN, P. (1983): Fremdenverkehr und Einzelhandel auf den Kvarnerinseln. Eine Untersuchung über Wirkungen des Fremdenverkehrs in peripheren Gebieten. — Österreichische Osthefte 25.

JUBA, F. (1976/1978): Subotica als Dorfstadt, ihre Siedlungs- und Wirtschaftsstruktur. Freiburg, Diss. Geowiss. Fakultät.

JÜNGST, P., J. KÜCHLER, H. SCHULZE-GÖBEL (1979): Zur Geographie an Hochschule und Schule in der VR China. — GR 31, S. 151-153.

KÄNEL, A., E. WEBER (1976): Aspekte der Entwicklung von Bevölkerung und Siedlungssystemen in den Nordbezirken der Deutschen Demokratischen Republik unter besonderer Berücksichtigung der Urbanisierung. — PGM 120, S. 120 -124.

KAMINSKE, V. (1979): China, Grundlagen und Grundbegriffe. Paderborn = Fragenkreise.

KAMINSKE, V. (1981): China — Modell der Entwicklungspolitik? — Geographie heute 1, H. 4, S. 47-52.

KAMINSKI, G. (1977): Chinas Ansprüche auf maritime Regionen im Lichte seiner Haltung zum Seerecht und zum internationalen Gebietserwerb. — Wirtschaftsgeographische Studien 1, H. 1, S. 53-77.

KARGER, A. (1960): Die Kollektivierung der Landwirtschaft in den Ostblockstaaten (Eine Übersicht). — GR 12, S. 213-222.

KARGER, A. (1963): Die Entwicklung der Siedlungen im westlichen Slawonien. Ein Beitrag zur Kulturgeographie des Save-Drau-Zwischenstromlandes. Wiesbaden = Kölner Geographische Arbeiten, 15.

KARGER, A. (1965): Historisch-geographische Wandlungen der Weidewirtschaft in den Trockengebieten der Sowjetunion am Beispiel Kazachstans. — *Weide-Wirtschaft in Trockengebieten.* Stuttgart (=

140

Gießener Beiträge zur Entwicklungsforschung, Schriftenreihe des Tropen-Instituts der Universität Gießen, 1), S. 37- 49.

KARGER, A. (1965a): Moskau. − GR 17, S. 479-498.

KARGER, A. (1966): Bratsk als Modell für die moderne Erschließung Sibiriens. − GR 18, S. 287-298.

KARGER, A. (1968): (Stadtentwicklung von Kiew, St. Petersburg und Moskau). Gießen, unveröff. Habilitationsschrift (zit. nach KARGER u. SPERLING 1980, S. 749).

KARGER, A. (1970): Die Sowjetunion − Land und Wirtschaft. Bonn, Wiesbaden = Informationen zur politischen Bildung, 139.

KARGER, A. (1973): Kulturlandschaftswandel im adriatischen Jugoslawien. − GR 25, S. 258-265.

KARGER, A. (1974): Probleme der sowjetischen Erdöl- und Erdgaserzeugung. − GR 26, S. 274-281.

KARGER, A. (1976): Probleme der sowjetischen Getreideerzeugung. − GR 28, S. 265-269.

KARGER, A. (1978): Warschau. Vom Geist einer Stadt. − GR 30, S. 464 -469.

KARGER, A. unter Mitarbeit von J. STADELBAUER (1978a): Sowjetunion. Frankfurt a.M. (5. Aufl. 1983) = Fischer Länderkunde, 9.

KARGER, A. (1979): Die Sowjetunion als Wirtschaftsmacht. Neubearbeitung Frankfurt a.M. usw. = Studienbücher der Geographie.

KARGER, A. (1980): Das alte Moskau. Zur Stadtentwicklung in Osteuropa. − GR 32, S. 314 -322.

KARGER, A. (1980a): BAM − Die Bajkal-Amur-Magistrale. Das „Jahrhundertwerk" im sowjetischen Osten. − GR 32, S. 16-31.

KARGER, A. (1981): Naturpotential Sowjetunion. Der Raum, seine Möglichkeiten und die Probleme seiner Nutzung. − Der Bürger im Staat 31, S. 87-94.

KARGER, A., M. BJELOVITIĆ (1984): Sarajevo. Zum Austragungsort der 14. Olympischen Winterspiele. Ein geographisches Essay. − GR 36, S. 4-13.

KARGER, A., W. SPERLING (1980): Die Entwicklung der geographischen Osteuropaforschung. − Osteuropa 30, S. 747-752.

KARGER, A., F. WERNER (1982): Die sozialistische Stadt. − GR 34, S. 519-528.

KASUMOV, R.M. (1979): Die Kategorien „Raum" und „Zeit" in der Geographie des Tourismus. − Festschrift K.A. Sinnhuber zum 60. Geburtstag. Wien (= Wirtschaftsgeographische Studien, Bd. 3, H. 5), S. 108-114.

KELLY, P.M., P.P. MICKLIN, J.R. TARRANT (1983): Large-scale Water Transfers in the USSR. − GeoJournal 7, S. 201-214.

KERBLAY, B. (1975): L'aménagement de l'espace rural en Asie moyenne Soviétique. – Annales de Géographie 84, S. 634 - 635.

KERN, W. (1978): Die Agglomeration Prag – Entwicklung und Planung. – Z.f.WGeogr. 22, S. 92-95.

KERNIG, C.D. (Hrsg.) (1966-1972): Sowjetsystem und demokratische Gesellschaft. Ein vergleichende Enzyklopädie. Bd. 1- 6, 1 Zusatzbd. Freiburg i.Br. usw.

KESSLER, W. (Bearb.) (1979): Ost- und südostdeutsche Heimatbücher und Ortsmonographien nach 1945. Eine Bibliographie zur historischen Landeskunde der Vertreibungsgebiete. München.

KIEŁCZEWSKA-ZALESKA, M. (1979): Siedlungsperioden und Siedlungsformen in Zentral-Polen, dargestellt am Beispiel von Masowien. – *Gefügemuster der Erdoberfläche. Die genetische Analyse von Reliefkomplexen und Siedlungsräumen. Festschrift zum 42. Deutschen Geographentag in Göttingen 1979.* Göttingen, S. 227-260.

KIEŁCZEWSKA-ZALESKA, M. (1979): Änderungen in den ländlichen Siedlungstypen Polens in den Jahren 1945 bis 1975. – MÖGG 121, S. 229-240.

KIRSTEIN, T. (1979): Sowjetische Industrialisierung – geplanter oder spontaner Prozeß? Eine Strukturanalyse des wirtschaftspolitischen Entscheidungsprozesses beim Aufbau des Ural-Kuzneck-Kombinats 1918-1930. Baden-Baden = Osteuropa und der internationale Kommunismus, 3.

KLAUS, G. (1972): Die Macht des Wortes. Ein erkenntnistheoretisch-pragmatisches Traktat. 6. Aufl. Berlin(O).

KLEMENČIČ, M. (1976): Die Sozialbrache in Slowenien. – WOLF, K. (Hrsg.): Sozialgeographische Fragestellungen. Beiträge zum Symposium in Ljubljana/Maribor 1975. Frankfurt a.M. (= Geographisches Institut der Universität Frankfurt. Materialien 5), S. 201-210.

KLENNER, W. (1980): Wirtschaftliche Entwicklung und strukturelle Ungleichgewichte in der Volksrepublik China. – Osteuropa Wirtschaft 25, S. 292-312.

KLOCKE, H. (1983): Zur ländlichen Struktur in Ungarn. – Osteuropa 33, S. 145-152.

KLÜTER, H. (1980): Regionale Disparitäten im Freizeitsektor der Sowjetunion. – *Garmisch 80. Zweiter Weltkongreß für Sowjet- und Osteuropastudien. Kurzfassungen der Beiträge.* o.O., S. 371.

KLÜTER, H. (1983): Zur regionalen Verteilung der Bruttoanlageinvestitionen in der Sowjetunion. – GZ 71, S. 2-28.

KNABE, B. (1975): Der Bau der Baikal-Amur-Bahn und die Arbeitskräfteproblematik in Ostsibirien. Köln = Ber.BInst.f.ostw.u.intern. St., 2-1975.

KNABE, B. (1975a): Regionale Mobilität (Migration) in der UdSSR. Köln = Ber.BInst.f.ostw.u.intern.St., 38-1975.

KNABE, B. (1976): Fluktuation der Arbeitskräfte in der UdSSR. Köln = Ber.BInst.f.ostw.u.intern.St., 28-1976.

KNABE, B. (1977): Aktivitäten im Gebiet der Baikalsee-Amur-Eisenbahn. Teil I-III. Köln = Ber.BInst.f.ostw.u.intern.St., 17/18/19-1977.

KNABE, B. (1978): Bevölkerungsentwicklung und Binnenwanderung in der UdSSR 1967-1974. Berlin = Gieß.Abhandl., 91.

KNABE, B. (1979): Urlaub des Sowjetbürgers. — Osteuropa 29, S. 300 - 310, 371-382.

KNABE, B. (1979a): Erste Ergebnisse der Volkszählung 1979 in der UdSSR. — Osteuropa 29, S. 744 -755.

KNABE, B. (1982): Die Vertagung des BAM-Programms. Köln = Ber. BInst.f.ostw.u.intern.St., 35-1982.

KNOP, H., A. STRASZAK (Hrsg.) (1978): The Bratsk-Ilimsk Territorial Production Complex: A Field Study Report. Laxenburg = IIASA No. RR-78-2, May 1978.

KNÜBEL, H. (1968): Die LPG Dolen Tschiflik in Bulgarien. — GR 20, S. 22-25.

KNÜBEL, H. (1983): Kernkraftwerke in der Sowjetunion. — GR 35, S. 590 -592, 594.

KÖSZEGFALVI, Gy. (1978): Die Veränderungen des Netzes der zentralen Orte in Ungarn. — MÖGG 120, S. 304 -316.

KOHL, H., J. MARCINEK, B. NITZ (1978): Geographie der DDR. Gotha/Leipzig = Studienbücherei Geographie für Lehrer, 7.

KOLB, A. (1963): Ostasien. China — Japan — Korea. Geographie eines Kulturerdteils. Heidelberg.

KOLB, A. (1976): Entwicklungskonzept, Aktionszellen und Arealentwicklung in China. — GZ 64, S. 241-261.

KOLB, A. (1983): Der fernöstliche Konfliktraum zwischen Sowjetunion, Volksrepublik China und Japan. — GR 35, S. 544 -552.

KOLB, A. (1983a): Deutsche Geographen als Forscher und Lehrer in China. — Die Erde 114, S. 135-142.

KOLTA, J. (1973): „Dorfkreise" im Komitat Baranya/Ungarn. — *Sozialgeographische Probleme Südosteuropas. Aspekte raumdifferenzierender Prozeßabläufe.* Kallmünz (= MSSW 7), S. 115-125.

KOMAROW, B. (1979): Das große Sterben am Baikalsee. Reinbek.

KORFMACHER, J. (1975): Einige Aspekte der städtischen Entwicklungsplanung in der UdSSR. — Archiv für Kommunalwissenschaft, S. 102-120.

KORNECKI, M. (1980): Polnische Wege zur Wiederaufwertung des

Dorfes. Erfahrungen und Probleme aus der Sicht der Denkmalpflege. — Ber.z.dt.Landesk. 54, S. 53-81.

KOROMPAI, G. (1977): The Effects of the Europa Canal Rhine-Main-Danube on Hungarian Inland Navigation. — GeoJournal 1, S. 33-44.

KOSINSKI, L. (1965): Warschau. — GR 17, S. 259-269.

KRAUS, Th., E. MEYNEN, H. MORTENSEN, H. SCHLENGER (Hrsg.) (1959): Atlas Östliches Mitteleuropa. Bielefeld.

KRAUS, W. (1979): Wirtschaftliche Entwicklung und sozialer Wandel in der Volksrepublik China. Berlin usw.

KREIBICH, B. (1980): Verringerung des Unterschieds zwischen Stadt und Land in China. — Praxis Geographie 10, S. 158 -170.

KREIS, B., R. MÜLLER (1978): Stadtplanung in der Sowjetunion. — Archiv für Kommunalwissenschaft, S. 299-316.

KRENZLIN, A. (1976): Die Siedlungsstrukturen der Mark Brandenburg als Ergebnis grundherrschaftlicher Aktivitäten. — *Mensch und Erde. Festschrift für Wilhelm Müller-Wille.* Münster (= Westfälische Geographische Studien, 33), S. 131-145.

KRENZLIN, A. (1979): Die naturräumlichen Grundlagen Brandenburgs. — Jahrbuch für die Geschichte Mittel- und Ostdeutschlands 28, S. 1- 41.

KRENZLIN, A. (1980): Siedlungsformen und Siedlungsstrukturen in deutsch-slawischen Kontaktzonen (mit besonderer Berücksichtigung Brandenburgs und angrenzender Gebiete). — *Germania Slavica I.* Berlin (= Berliner Historische Studien, 1), S. 239-275.

KREUER, W. (1971): Kultureller und wirtschaftlicher Wandel in der Mongolischen Volksrepublik. — Z.f.WGeogr. 15, S. 229-237.

KREUER, W. (1982): Kollektivierung und Seßhaftmachen von Nomaden in der Mongolischen Volksrepublik. — *Ergebnisse aktueller geographischer Forschung an der Universität Essen.* Paderborn (= Essener Geographische Arbeiten, 1), S. 63-89.

KÜCHLER, J. (1976): Stadterneuerung in der VR China. — *Stadtentwicklungsprozeß — Stadtentwicklungschancen. Planung in Berlin, Bologna und in der VR China.* Göttingen = Göttinger Hochschulmanuskripte, 3, S. 137-218.

KÜCHLER, J. (1981): Chinesisches Tiefland — Pekinger Bucht — Peking. — GR 33, S. 100 -104.

KUHLE, M. (1982): Eine Expedition in das unbekannte Tibet. Deutsche und Chinesen erforschen eine Gebirgslandschaft. — Forschung. Mitteilungen der DFG. H. 3/82, S. 9-12.

KUHLE, M. (1983): Erste deutsch-chinesische Gemeinschaftsexpedition nach Tibet und in die Massive des Kuen-Lun-Gebirges (1981) — ein Expeditions- und vorläufiger Forschungsbericht. — *43. Deut-*

144

scher Geographentag Mannheim, 5. bis 10. Oktober 1981. Tagungs-bericht und wissenschaftliche Abhandlungen. Wiesbaden, S. 63-82.

KUHN, W. (1974): Die deutschen Stadtgründungen des 13. Jahrhunderts im westlichen Pommern. — Z.f.Ostf. 23, S. 1-58.

KUHN, W. (1975): Vergleichende Untersuchungen zur mittelalterlichen Ostsiedlung. Köln, Wien = Ostmitteleuropa in Vergangenheit und Gegenwart, 16.

KUHN, W. (1975a): Siedlungsgeschichte des Auschwitzer Beskidenvorlandes. — Z.f.Ostf. 24, S. 1-78.

KUHN, W. (1977): Die zweimalige Lokation von Oppeln und die Besiedlung des nordöstlichen Oberschlesien im 13. Jahrhundert. — Z.f. Ostf. 26, S. 244 -270.

LAMPING, H. (1981): Rumänien — Werdegang des Staatsgebietes und seiner inneren Gliederung. — Geographie und Schule 3, No. 13, S. 7-20.

LECHLEITNER, H. (1979): Eine Exkursionsroute durch die Slowakei. — *Festschrift Karl A. Sinnhuber zum 60. Geburtstag. II. Teil.* Wien (= Wirtschaftsgeographische Studien, 3, H. 5), S. 115-146.

LECHLEITNER, H., P. PAVLIC, B. WINKLER (1980): Wirtschaftspartner Jugoslawien. Wien (Donaueuropäisches Institut Wien).

LEISTER, I. (1976): Zum Vorkommen von Hufengewann und Riegenschlag als Adaptionsformen. — *Mensch und Erde. Festschrift für Wilhelm Müller-Wille.* Münster (= Westfälische Geographische Studien, 33), S. 147-157.

LEISTER, I. (1978): Das Angerdorf in Ostelbien. Planung und Entwicklung. — Ber.z.dt.Landesk. 52, S. 35-66.

LEMÂN, G. (1976): Das jugoslawische Modell. Wege zur Demokratisierung. Frankfurt a.M., Köln.

LENZ, K. (1974): Die Industrialisierung der Landwirtschaft und Konsequenzen für eine Neugestaltung des ländlichen Siedlungsnetzes am Beispiel der nördlichen Bezirke der DDR. — Ber.z.dt.Landesk. 48, S. 129-150.

LESZCZYCKI, St. (1974): Ballungsgebiete als Knotenpunkte der Territorialstruktur Polens. — GR 26, S. 484 - 488.

LESZCZYCKI, St. (1979): Die Seewirtschaft Polens in den Jahren 1945-1975. — MÖGG 121, S. 256-270.

LETTRICH, E. (1975): Urbanisierungsprozesse in Ungarn. Sozialgeographische Analysen. Kallmünz = MSSW 13.

LETTRICH, E. (1978): Die Probleme der Verstädterung in Ungarn. — MÖGG 120, S. 280 -303.

LI Jian, LUO Defu (1981): The formation and characteristics of mudflow and flood in the mountain area of the Dachao River and its prevention. − Z.f.Geomorph., N.F. 25, S. 470 - 484.

LI Tingdong (1980): The Development of Geological Structures in China. − GeoJournal 4, S. 487- 497.

LICHTENBERGER, E. (1976): Albanien − der isolierte Staat (als gesellschaftspolitisches Modell). − MÖGG 118, S. 109-136.

LICHTENBERGER, E. (1982): Gastarbeiter − Leben in zwei Gesellschaften. Erste Ergebnisse eines bilateralen Forschungsprojektes in Wien. − MÖGG 124, S. 28-65.

LICHTENBERGER, E. (1982a): Bilaterale Haushaltstypen als Grundlage sozialgeographischer Forschung. − Geographischer Jahresbericht aus Österreich 39 (1980), S. 23-61.

LIEBMANN, C. Chr. (1978): Die Baikal-Amur-Eisenbahnmagistrale (BAM). Trassenverlauf und wirtschaftliche Erschließung entlang einer sowjetischen Bahnlinie. − Die Erde 109, S. 206 -228.

LIEBMANN, C. Chr. (1981): Rohstofforientierte Raumerschließungsplanung in den östlichen Landesteilen der Sowjetunion (1925-1940). Tübingen = Tübinger Geographische Studien, 83.

LIJEWSKI, T. (1978): Fremdenverkehrsgebiete in Polen. − *Festschrift Karl A. Sinnhuber zum 60. Geburtstag. 1. Teil.* Wien (= Wirtschaftsgeographische Studien, 4), S. 126-140.

LIJEWSKI, T. (1979): Entwicklung der neuen Rohstoffgebiete in Polen nach 1945. − MÖGG 121, S. 241-255.

LOB, R.E. (1972): Zum Stand der Wüstungsforschung in der ČSSR. − GZ 60, S. 286 -301.

LU Da-dao (unter Mitwirkung von KH. HOTTES) (1983): Geographische Forschung und ihre Anwendung in China. − Z.f.WGeogr. 27, S. 113-117.

LU Da-dao, A. KOLB (1982): Zur territorialen Struktur der Industrie in China. − GZ 70, S. 273-292.

LUBER, S., P. ROSTANKOWSKI (1978): Die Agglomeration Leningrad − Gegenwärtige und zukünftige Entwicklung. Hannover = Akademie für Raumforschung und Landesplanung, Beiträge, 25.

LUBER, S., P. ROSTANKOWSKI (1980): Überschwemmungsschutz für Leningrad. − Osteuropa 30, S. 58- 63.

LUBER, S., P. ROSTANKOWSKI (1980a): Die Herkunft der im Jahre 1581 registrierten Zaporoger Kosaken. − Jahrbücher für Geschichte Osteuropas 28, S. 368 -390.

LUDAT, H. (1973): Zum Stadtbegriff im osteuropäischen Bereich. − JANKUHN, H. u.a., (Hrsg.): Vor- und Frühformen der europäischen Stadt im Mittelalter. Göttingen, S. 77-91.

LUDAT, H. (1982): Slaven und Deutsche im Mittelalter. Ausgewählte

Aufsätze zu Fragen ihrer politischen, sozialen und kulturellen Beziehungen. Köln/Wien = Mitteldeutsche Forschungen, 86.

MA, L.J.C. (1983): Preliminary Results of the 1982 Census in China. − Geographical Review 73, S. 198-210.

MACHETZKI, R. (1980): Entwicklungsmacht China. Stand, Potential und Grenzen der binnenwirtschaftlichen Leistung. Hamburg = Mitteilungen des Instituts für Asienkunde Hamburg, 116.

MAIER, J. (1976): Forschungen des Wirtschaftsgeographischen Instituts der Universität München in Südosteuropa unter besonderer Berücksichtigung der Studien zur Urbanisierung. − GROTHUSEN, K.-D. (Hrsg.): Südosteuropa und Südosteuropa-Forschung. Zur Entwicklung und Problematik der Südosteuropa-Forschung. Hamburg, S. 69 - 94.

MAKSAKOVSKY, V.P. (1982): Die Geographie als Schulfach in der Sowjetunion. − HAUBRICH, H. (Hrsg.), S. 231-236.

MAKSAKOWSKI, W., W. ROM (1981): Das Thema ,,Sowjetunion". Sowjetische Vorschläge für den Geographieunterricht an den Schulen der Bundesrepublik Deutschland. − Praxis Geographie 11, S. 86-91.

MANSHARD, W. (1979): Geography in China − A Report. − GeoJournal 3, S. 623- 626.

MANSHARD, W. (1980): Geographie in China − ein Bericht. − GZ 68, S. 137-147.

MANSKE, D.J. (1973): Das Neretva-Delta (Jugoslawien). Werden einer Agrarlandschaft. − Mitteilungen der Geographischen Gesellschaft München 58, S. 109-140.

MANSKE, D.J. (1973a): Das untere Neretva-Delta. Die Kulturlandschaft zwischen Metković und Ploše. − Österreichische Osthefte 15.

MANTHEY, U., U. VOIGT (1980): Zur Behandlung des Themas ,,China" im Unterricht der Sekundarstufe II. − Praxis Geographie 10, S. 171-177.

MARCOVIC, S., F. WENZLER (1974): Raumordnerische Aspekte in der Entwicklung des Fremdenverkehrs in Jugoslawien. − Raumforschung und Raumordnung 32, S. 93-102.

MARIOT, P. (1970): Probleme der Typisierung von Fremdenverkehrsorten in der ČSSR. − *Zur Geographie des Freizeitverhaltens. Beiträge zur Fremdenverkehrsgeographie.* Kallmünz (= MSSW 6), S. 37-48.

MARIOT, P. (1977): Bewertung der Anziehungskraft von Zuwanderungszentren der Slowakei. − Wirtschaftsgeographische Studien, 1, H. 2, S. 38-51.

MARIOT, P. (1979): Die Erholungsumwelt als Bestandteil der Lebensumwelt der Slowakischen Sozialistischen Republik. − *Festschrift*

Karl A. Sinnhuber zum 60. Geburtstag. II. Teil. Wien (= Wirtschaftsgeographische Studien, 3, H. 5), S. 147-159.

MARTINY, A. (1980): Osteuropäische Geschichte und Zeitgeschichte.
— Osteuropa 30, S. 705-724.

MARTINY, A. (1983): Bauen und Wohnung in der Sowjetunion nach
dem Zweiten Weltkrieg. Berlin = Osteuropaforschung, 11.

MÁRTON, J. (1982): Einige wichtige Aspekte der Landwirtschaft in
Osteuropa. — *Agrar- und Ernährungswirtschaft in West- und Osteuropa.* Münster-Hiltrup, S. 40 -69.

MECKELEIN, W. (1951/52): Wesen und Wandlungen des Nomadenlan-
des im nordwestlichen Kaspi-Randgebiet. — Die Erde III (82), S.
339-353.

MECKELEIN, W. (1960): Gruppengroßstadt und Großstadtballung in
der Sowjetunion. — *Deutscher Geographentag Berlin 1959. Tagungsbericht und wissenschaftliche Abhandlungen.* Wiesbaden, S. 168 -
185.

MECKELEIN, W. (1964): Jüngere siedlungsgeographische Wandlungen
in der Sowjetunion. — GZ 52, S. 242-270.

MELLOR, R.E.H. (1976): Sowjetunion. 3. Aufl. München = Harms
Erdkunde.

MENZEL, U. (1978): Theorie und Praxis des chinesischen Entwick-
lungsmodells. Ein Beitrag zum Konzept autozentrierter Entwicklung. Opladen.

MERKEL, K., H. IMMLER (Hrsg.) (1972): DDR — Landwirtschaft in
der Diskussion. Köln.

MERTINEIT, W. (1977): Die deutsch-polnischen Schulbuchkonferen-
zen. — Aus Politik und Zeitgeschichte. Beilage der Wochenzeitung
Das Parlament, Nr. 47, S. 23-41.

MEYER, G. (1974): Studien zur sozialökonomischen Entwicklung Sowjetrußlands 1921-1923. Die Beziehungen zwischen Stadt und Land
zu Beginn der Neuen Ökonomischen Politik. Köln.

MEYNEN, E. (1969): (36. Deutscher Geographentag Bad Godesberg
1967). Begrüßungsansprache des Vorsitzenden des Ortsausschusses.
— Deutscher Geographentag Bad Godesberg. Tagungsbericht und
wissenschaftliche Abhandlungen. Wiesbaden, S. 35-36.

MISZTAL, St. (1977): Aktuelle Tendenzen der Raumplanung in Polen.
— *Der ländliche Raum — eine Aufgabe der Raumplanung. Festschrift für Th. Weidmann und E. Winkler.* Zürich (Institut für ORL,
ETH Zürich) (= Schriftenreihe zur Orts-, Regional- und Landesplanung, 28), S. 175-181.

*Modernisierungsprobleme in der Sowjetunion. Ausgewählte Beiträge
zum 2. Weltkongreß für Sowjet- und Osteuropastudien* (1982). Hrsg.

von G. BRUNNER u. H. HERLEMANN. Berlin = Osteuropaforschung, 3.

MÖHRMANN, F. (1977): Development and Problems of Road Transport between the East and the West. – GeoJournal 1, S. 65- 90.

MOHS, G., H. SCHMIDT, D. SCHOLZ (1976): Territoriale Konzentration und Urbanisierung – Probleme und Aufgaben bei der Entwicklung der Siedlungsstruktur. – PGM 120, S. 90 - 94.

MORTENSEN, H., G. MORTENSEN, R. WENSKUS, H. JÄGER (Hrsg.) (1968 ff.): Historisch-geographischer Atlas des Preußenlandes. Lfrg. 1 ff.

MÜLLER-WILLE, W. (1978): Stadt und Umland im südlichen Sowjet-Mittelasien. Wiesbaden = GZ, Beihefte. Erdkundliches Wissen, 49.

MUSIL, J. (1974): Die Entwicklung der ökologischen Struktur Prags. – HERLYN, U. (Hrsg.): Stadt- und Sozialstruktur. München, S. 133-156.

NEUBAUER, T. (1973): Probleme der Naherholung für die Prager Bevölkerung im mittleren Moldautal. – Erdkunde 27, S. 69-75.

NOVE, A. (1980): Das sowjetische Wirtschaftssystem. Baden-Baden = Schriftenreihe des Bundesinstituts für ostwissenschaftliche und internationale Studien Köln, 9.

Ökonomische Geographie der Deutschen Demokratischen Republik. Band 1. Bevölkerung, Siedlungen, Wirtschaft (1977). Hrsg. von H. KOHL u.a., Gotha/Leipzig 3. überarb. u. erg. Aufl.

OHNESORGE, K.-W. (1973): Zur Entwicklung und heutigen Situation der Haus- und Gehöftformen in ländlichen Siedlungen Siebenbürgens. – Korrespondenzblatt des Arbeitskreises für Siebenbürgische Landeskunde, III. Folge, 3, S. 115-126.

OLSZEWSKI, T. (1978): Łódź und seine städtische Agglomeration. – GR 30, S. 477-480.

OSCHLIES, W. (1983): Die Deutschen in der Sowjetunion. Versuch einer Bestandsaufnahme. Köln = Ber.BInst.f.ostw.u.intern.St., 13-1983.

PAK, M. (1975): Nichtwohnfunktion als Transformationsfaktor in der Stadt (Slowenien). Frankfurt a.M. = Rhein-Mainische Forschungen, 80.

PAK, M. (1976): Die Funktion der Versorgung bei der Ausbildung der Regionalstruktur in der Gemeinde Slovenska Bistrica/Slowenien. – WOLF, K. (Hrsg.): Sozialgeographische Fragestellungen. Beiträge zum Symposium in Ljubljana/Maribor 1975. Frankfurt a.M. (= Geo-

149

graphisches Institut der Universität Frankfurt. Materialien 5), S. 235-247.

PASIERBSKI, M. (1979): Remarks on the Genesis of Subglacial Channels in Northern Poland. – Eiszeitalter und Gegenwart 29, S. 189-200.

PAWLITTA, M. (1978): Räumliche Mobilität in Polen. Indikator der Industrialisierung und Urbanisierung des Landes. – GR 30, S. 470-476.

PAWLITTA, M. (1979): Die „Sozialistische Industrialisierung" in Polen unter besonderer Berücksichtigung der Entwicklung in der eisenschaffenden Industrie. Diss. Oldenburg.

PÉCSI, M. (1970): Factors affecting slope evolution and formation of slope sediments in Hungary. – Argumenta Geographica. Festschrift Carl Troll zum 70. Geburtstag. Bonn (= Colloquium Geographicum, 12), S. 193-199.

PÉCSI, M. (1979): Geographische Forschungstendenzen in Ungarn zwischen 1945 und 1975. – MÖGG 121, S. 46-65.

PÉCSI, M. (1980): Erläuterungen zur geomorphologischen Karte des „Atlasses der Donauländer". Österreichische Osthefte 22, S. 141-167.

PENKOV, I. (1973): Wirtschaftsgeographische Veränderungen in der Volksrepublik Bulgarien – Neuere Veränderungen in der Produktionsstruktur. – Sozialgeographische Probleme Südosteuropas. Aspekte raumdifferenzierender Prozeßabläufe. Kallmünz (= MSSW 7), S. 9-16.

PERNACK, H.-J. (1972): Probleme der wirtschaftlichen Entwicklung Albaniens. Untersuchung des ökonomischen und sozioökonomischen Wandlungsprozesses von 1912/13 bis in die Gegenwart. München = Südosteuropa-Studien, 18.

PETERSEN, H.J. (1977): Realitäten und Chancen für den Umweltschutz, dargestellt am Beispiel der industriemäßig organisierten Agrarproduktion der DDR. Kassel = Urbs et Regio, 4.

PETERSON, O. (Bearb.) (1982): Die Universitätsstadt Dorpat (Tartu). – Dokumentation Ostmitteleuropa (Wissenschaftlicher Dienst für Ostmitteleuropa, N.F.) 8 (32), S. 185-232.

PLESNIK, P. (1970): Grundbesonderheiten der oberen Waldgrenze und der Vegetationsstufen in den Westkarpaten und im französischen Teil der Alpen und der Pyrenäen. – Argumenta Geographica. Festschrift Carl Troll zum 70. Geburtstag. Bonn (= Colloquium Geographicum, 12), S. 104-124.

PLUHAR, E. (1977): Potential und Perspektiven der Erdölförderung in der UdSSR unter besonderer Berücksichtigung Westsibiriens. – Die

Erde 108, S. 256-266.

PÖHLMANN, G. (Hrsg.) (1980): Studien zur kartographischen Landschaftsdarstellung am Beispiel der VR China. Berlin = Berliner geowissenschaftliche Abhandlungen, Reihe C: Kartographie, 1.

Polen (1976). Hrsg. von J.-G.-Herder-Institut. München.

PONGRÁCZ, P. (1972): Der Umweltschutz in Ungarn. — Raumforschung und Raumordnung 30, S. 216 -218.

PREISICH, G. (1979): Entwicklungs- und Planungsprobleme der Stadt Budapest. — MÖGG 121, S. 107-128.

PRIKLOPIL, W. (1977): Die regionale Struktur des Außenhandels der Ungarischen Volksrepublik — unter besonderer Berücksichtigung der ideologischen Grundlagen. — Diss. Wirtschaftsuniv. Wien.

PROBÁLD, F. (1982): Das Schulfach Geographie in Ungarn. — HAUBRICH, H. (Hrsg.) S. 237-241.

Probleme der Bodenerosion in Mittelasien. Bericht über eine Studienreise in die südliche Sowjetunion vom 20. August bis 9. September 1979 (1980). Hrsg. von G. RICHTER. Trier = Forschungsstelle Bodenerosion der Universität Trier. Mertesdorf (Ruwertal). 7.

Räumliche Struktur- und Prozeßmuster in der SR Makedonien (1980). Zusammengestellt von K. RUPPERT. Kallmünz = MSSW 20.

RAU, C. (1982): Offiziöse Informationszeitschriften als Grundlage von Wirtschaftskarten der Volksrepublik China. Unveröff. Magisterarbeit, Phil. Fak. Universität Freiburg i.Br.

Raumplanung in China. Prinzipien — Beispiele — Materialien (1980). Hrsg.: D. REICH, E. SCHMIDT, R. WEITZ. Dortmund = Dortmunder Beiträge zur Raumplanung, 15.

RAUPACH, H. (1971): Space, Time and the Choice of a Centralized System. — Jahrbuch der Wirtschaft Osteuropas 2, S. 123 -136.

RAUPACH, H. (1981): Ostmitteleuropa. Wirtschaftliche Integration und Stellung in der Weltwirtschaft. Paderborn = Fragenkreise.

RAUTH, M. (1967): Raumgliederung, Raumordnung und Regionalplanung in der Sowjetunion aus landwirtschaftlicher Sicht. Wiesbaden = Gieß.Abhandl., 39.

REINDKE, G. (1983): China 100 Jahre nach Ferdinand von Richthofen. Bericht über die Reise der Gesellschaft für Erdkunde zu Berlin 1982. — Die Erde 114, S. 165-173.

REITH, Th.-J. (1970): Die Industrie der ungarischen Wirtschaftsbezirke. — Z.f.WGeogr. 14, S. 11-17.

REUTER, J. (1982): Die Albaner in Jugoslawien. München = Untersuchungen zur Gegenwartskunde Südosteuropas, 20.

RICHTER, D. (1974): Die sozialistische Großstadt — 25 Jahre Städtebau in der DDR. – GR 26, S. 183-191.

RITTER, G., J. HAJDU (1982): Die deutsch-deutsche Grenze. Analyse ihrer räumlichen Auswirkungen und der raumwirksamen Staatstätigkeit in den Grenzgebieten. Köln = Geostudien 7.

ROCHLIN, R.P., E. HAGEMANN (1971): Die Kollektivierung der Landwirtschaft in der Sowjetunion und der Volksrepublik China. Eine vergleichende Studie. Berlin = Deutsches Institut für Wirtschaftsforschung, Sonderh. 88.

ROGLIĆ, J. (1970): Die Gebirge als die Wiege des geschichtlichen Geschehens in Südosteuropa. – *Argumenta Geographica. Festschrift Carl Troll zum 70. Geburtstag.* Bonn (= Colloquium Geographicum, 12), S. 225-239.

ROLLE, R. (1979, 1980): Totenkult der Skythen. Teil I-II. Berlin, New York = Vorgeschichtliche Forschungen, 18, 1/2.

RONNEBERGER, F., G. TEICH (Hrsg.) (1968 ff.): Von der Agrar- zur Industriegesellschaft. Sozialer Wandel auf dem Lande in Südosteuropa. 20 Beiträge in 10 Lieferungen. Darmstadt.

ROSTANKOWSKI, P. (1969): Siedlungsentwicklung und Siedlungsformen in den Ländern der russischen Kosakenheere. Berlin = Berliner Geographische Abhandlungen, 6.

ROSTANKOWSKI, P. (1975): Historische Parallelen zwischen Alföld- und osteuropäischen Steppensiedlungen: 'ólaskertek' und 'bazy'. – Südostforschungen 34, S. 234-241.

ROSTANKOWSKI, P. (1977; 1978): Wird es ein „Sibirisches Meer" geben? – GR 29, S. 402-408, Nachtrag *ibid.* 30, S. 66 - 67.

ROSTANKOWSKI, P. (1977a): Die Etymologie von russisch 'chutor' aus ungarisch 'hatar' und die Genese der 'chutor'-Siedlung in der Dneprukraine. – Südostforschungen 36, S. 187-210.

ROSTANKOWSKI, P. (1979): Agrarraum und Getreideanbau in der Sowjetunion 1948-1985. Eine agrargeographische Studie. Berlin = Gieß.Abhandl., 98.

ROSTANKOWSKI, P. (1980): The Nonchernozem Development Program and Prospective Spatial Shifts in Grain Production in the Agricultural Triangle of the Soviet Union. – SovG 21, S. 409 - 419.

ROSTANKOWSKI, P. (1981): Getreideerzeugung nördlich 60° N. – GR 33, S. 147-152.

ROSTANKOWSKI, P. (1982): Transformation of Nature in the Soviet Union: Proposals, Plans and Reality. – SovG 23, S. 381-390.

ROSTANKOWSKI, P. (1982a): Die Entwicklung osteuropäischer ländlicher Siedlungen und speziell der Chutor-Siedlungen. Berlin = Gieß. Abhandl., 117.

ROSTANKOWSKI, P. (1983): Zum Rückgang der Landwirtschaft im

Norden der UdSSR. – Osteuropa 33, S. 623- 628.

ROSTANKOWSKI, P. (1983a): Zur Frage der Umgestaltung der Natur in der Sowjetunion. – GR 35, S. 566-570.

ROSTANKOWSKI, P., B. DEGENHARDT, C.C. LIEBMANN (1978): Aktuelle Bibliographie deutsch-, englisch- und französischsprachiger Arbeiten zur Geographie Osteuropas. Berlin = Bibliographische Mitteilungen des Osteuropa-Instituts an der Freien Universität, 17.

ROSTANKOWSKI, P., S. LUBER, D. KRÜGER (1982): Aktuelle Bibliographie deutsch-, englisch- und französischsprachiger Arbeiten zur Geographie Osteuropas. Teil II. Berlin, Wiesbaden = Bibliographische Mitteilungen des Osteuropa-Instituts an der Freien Universität, 23.

ROTHER, K. (1981): Eine Bemerkung zum heutigen Flurformengefüge im Thüringer Wald. – Ber.z.dt.Landesk. 55, S. 55- 65.

RUBAN, M.E., M. LODAHL, H. MACHOWSKI, H. VORTMANN (1975): Die Entwicklung des Lebensstandards in den osteuropäischen Ländern. Berlin = Deutsches Institut für Wirtschaftsforschung, Sonderheft 108.

RUNGALDIER, R. (1975): Bratislava – Budapest – Beograd. Ein geographisch-geschichtlicher Vergleich der drei Hauptstädte am Mittellauf der Donau. – *Scritti geografici in onore di Raccardo Riccardi.* Roma (= Memorie della Società Geografica Italiana, 31/II), S. 741- 770.

RUNGALDIER, R. (1976): Die Kleinen Karpaten um 1930 – eine landeskundliche Skizze. – *Beiträge zur Wirtschaftsgeographie, II. Teil.* Wien (= Wiener Geographische Schriften 46/47/48), S. 147-178.

RUPPERT, K. (1969): Probleme der Almwirtschaft in den slowenischen Alpen. Alpine Agrarlandschaft im Wandel der Sozialstruktur. – *Almgeographische Studien in den slowenischen Alpen.* Kallmünz (= MSSW 5), S. 53 -55.

RUPPERT, K., J. MAIER (Hrsg.) (1971): Der Tourismus und seine Perspektiven für Südosteuropa. München = Südosteuropa-Studien, 17 = WGI-Berichte zur Regionalforschung, 6.

RUSS, W. (1979): Der Entwicklungsweg Albaniens. Ein Beitrag zum Konzept autozentrierter Entwicklung. Meisenheim a.Glan.

SÁRFALVI, B. (1979): Die Pendelwanderung in Ungarn. – MÖGG 121, S. 94 -106.

SCHAPPELWEIN, K.F. (1973): Kiew – Entstehung und Entwicklung der ukrainischen Hauptstadt. – MÖGG 115, S. 75-85.

SCHAPPELWEIN, K.F. (1974): Die Energiewirtschaft in der VR Bulgarien. – Osteuropa Wirtschaft 19, S. 48 -59.

SCHAPPELWEIN, K.F. (1980): Die Handelsbeziehungen zwischen Ost und West — ihre strukturellen Faktoren. — Wirtschaftsgeographische Studien 4, H. 7, S. 63-71.

SCHAPPELWEIN, K.F., N.W. STANEK (1977): Die Seehäfen Polens. — Wirtschaftsgeographische Studien, 1, H. 2, S. 12-26.

SCHENK, H. (1974): Concepts behind Urban and Regional Planning in China. — Tijdschrift voor Economische en Sociale Geografie 65, S. 381-389.

SCHINKE, E. (1972): Soviet Agricultural Statistics. — TREML, V.G., J.P. HARDT (Hrsg.): Soviet Economic Statistics. Durham, S. 237-262.

SCHINZ, A. (1983): Die Entwicklung der Stadt Xian, Provinz Shaanxi/China, seit den Reisen Ferdinand von Richthofens. — Die Erde 114, S. 147-164.

SCHINZ, A. (1983a): Fengtian Mukden Shenyang. Wandlung einer chinesischen Großstadt seit der Forschungsreise F.v.Richthofens 1869. — Geowissenschaften in unserer Zeit 1, S. 198-209.

SCHLENGER, H. (1951): Geographische Schranken im Wirtschaftsaufbau der Sowjetunion. — Erdkunde 5, S. 204 -220.

SCHLENGER, H. (1953): Strukturwandlungen Kasachstans in russischer, insbesondere sowjetischer Zeit. — Die Erde V, S. 250 -264.

SCHLENGER, H. (1954): Die Vereinigten Staaten von Nordamerika und die Sowjetunion. Beiträge zu einem länderkundlichen Vergleich. — *Ergebnisse und Probleme moderner geographischer Forschung. Hans Mortensen zu seinem 60. Geburtstag.* Bremen (= Abhandlungen der Akademie für Raumforschung und Landesplanung, 28), S. 303-332.

SCHLESINGER, W. (Hrsg.) (1975): Die deutsche Ostsiedlung des Mittelalters als Problem der europäischen Geschichte. Reichenau-Vorträge 1970 -1972. Sigmaringen = Vorträge und Forschungen, XVIII.

SCHMELZ, U. (1983): Thesen über die imperialistische Polenforschung in der BRD. — Pädagogische Hochschule ,,Karl Liebknecht" Potsdam, Wissenschaftliche Zeitschrift 27, S. 264 - 273.

SCHMIDT, G., O. MARGRAF (1976): Die Klassifikation von Zentren mittels der Faktorenanalyse und Dendrogrammen. — PGM 120, S. 108 -115.

SCHMIDT-HÄUER, Chr. (1980): Das sind die Russen, wie sie wurden, wie sie leben. Hamburg.

SCHNEIDER, K.- G. (1973): Fernweidewirtschaft in den Südost-Karpaten (Rumänien). — GR 25, S. 282-289.

SCHÖLLER, P. (1953): Stalinstadt/Oder — Strukturtyp der neuen Stadt des Ostens. — Institut für Raumforschung, Informationen 3,

S. 255-261.

SCHÖLLER, P. (1953a): Stadtgeographische Probleme des geteilten Berlin. – Erdkunde 7, S. 1-11.

SCHÖLLER, P. (1961): Wiederaufbau und Umgestaltung mittel- und nordostdeutscher Städte. – Institut für Raumforschung, Informationen 11, S. 557-583.

SCHÖLLER, P. (1974): Paradigma Berlin. Lehren aus einer Anomalie – Fragen und Thesen zur Stadtgeographie. – GR 26, S. 425-434.

SCHÖLLER, P. (1974a): Die neuen Städte der DDR im Zusammenhang der Gesamtentwicklung des Städtewesens und der Zentralität. – *Stadt-Land-Beziehungen und Zentralität als Problem der historischen Raumforschung.* Hannover (= Veröff.ARL, Forschungs- und Sitzungsberichte, 88 = Historische Raumforschung, 11), S. 299-324.

SCHÖLLER, P. (1982): Gedanken zur deutschen Landeskunde 1981. – Ber.z.dt.Landesk. 56, S. 25-27.

SCHÖPKE, H. (1981): Vom Satellitenbild zur Raumanalyse. Kuibyschew und der Wolgaraum. – Praxis Geographie 11, S. 149 -154.

SCHOLZ, D. (1980): Zur Erforschung der Siedlungsstruktur der Ballungsgebiete der DDR. – Geographische Berichte 25, S. 73- 81.

SCHRAMM, G. (1971): Flußnamenphilologie als Hilfswissenschaft der osteuropäischen Geschichte. – Freiburger Universitätsblätter Nr. 31, S. 11-16.

SCHRAMM, G. (1973): Nordpontische Ströme. Namenphilologische Zugänge zur Frühzeit des europäischen Ostens. Göttingen.

SCHRAMM, G. (1974): Die nordöstlichen Eroberungen der Rußlandgoten (Merens, Mordenes und andere Völkernamen bei Jordanes, Getica XXIII 116). – Frühmittelalterliche Studien VIII, S. 1-14.

SCHRAMM, G. (1974/75): Bauer und Gutsherr in Turgenevs ,,Aufzeichnungen eines Jägers''. – Die Welt der Slaven XIX/XX, S. 299-336.

SCHRAMM, G. (1981): Eroberer und Eingesessene. Geographische Lehnnamen als Zeugen der Geschichte Südosteuropas im 1. Jahrtausend n.Chr. Stuttgart.

SCHRAMM, J. (1980): Le Banat et les Banatais. – Mondes et Cultures 39, Paris, S. 445-454.

SCHRÖDER, K.H. (1964): Der Wandel der Agrarlandschaft im ostelbischen Tiefland seit 1945. – GZ 52, S. 289-316.

SCHULZE, H.K. (1977): Die deutsche Ostsiedlung des Mittelalters. Bilanz und Aufgaben. – Z.f.Ostf. 26, S. 453- 466.

SCHWEINFURTH, U. (1981): Tibet-Symposium der Academia Sinica in Peking (Beijing), 25.5.-1.6.1980. – Erdkunde 35, S. 71-72.

SCHWIND, M. (1971): Der Anteil des Staates an der Prägung der chinesischen Kulturlandschaft. — *Wirtschafts- und Kulturräume der außereuropäischen Welt. Festschrift für Albert Kolb.* Hamburg (= Hamburger Geographische Studien, 24), S. 245-260.

SEDLMEYER, K.A. (1973): Zaluzi (Maltheuren) — ein chemisches Zentrum der Tschechoslowakei. — Z.f.WGeogr. 17, S. 181-184.

SEDLMEYER, K.A. (1973a): Landeskunde der Tschecho-Slowakei. München.

SEMMEL, A. (1980): Periglaziale Deckschichten aus weichselzeitlichen Sedimenten in Polen. — Eiszeitalter und Gegenwart 30, S. 101-108.

SHEARER, W. (1982): Beispiel für ein integriertes Energie-Agrar-System in Süd-China. — GR 34, S. 436 -437.

SICK, W.D. (1968): Die Siebenbürger Sachsen in Rumänien. Heutige Siedlungs-, Wirtschafts- und Sozialverhältnisse einer deutschen Volksgruppe. — GR 20, S. 12-22.

SIMON, G. (1979): Nationalismus und Nationalitätenpolitik in der Sowjetunion seit Stalin. Köln = Ber.BInst.f.ostw.u.intern.St., 34-1979.

SIMON, G. (1981): Russen und Nichtrussen in der UdSSR. Zu den Ergebnissen der Volkszählung von 1979. Köln = Ber.BInst.f.ostw.u. intern.St., 11-1981.

SKINNER, G.W. (1964/65): Marketing and social structure in rural China. — Journal of Asian Studies 24, S. 3- 43, 195-228, 363-399.

ŠKVARČEKOVÁ, G. (1979): Réflexion au sujet de l'exploitation du Danube en République Socialiste Tchécoslovaque pour le tourisme international. — *Tourisme and Borders.* Frankfurt a.M. (= Frankfurter Wirtschafts- und Sozialgeographische Schriften, 31), S. 267-277.

SLEZAK, F. (1973): Zur Entwicklung der chinesischen Erdölindustrie. — Die Erde 104, S. 336 -337.

SMITH, H. (1976): Die Russen. Wie die russischen Menschen wirklich leben, wovon sie träumen, was sie lieben und wie ihr Alltag wirklich aussieht. Bern, München.

Sowjet-Landwirtschaft heute (1976). Berlin = Gieß.Abhandl., 78.

Sowjetunion (1979). Hrsg. vom Koordinationsausschuß deutscher Osteuropa-Institute. München 2. Aufl.

Sowjetunion. Das Wirtschaftssystem (1965). Hrsg. von W. MARKERT. Köln, Graz = Osteuropa-Handbuch.

Sozialgeographische Probleme Südosteuropas. Aspekte raumdifferenzierender Prozeßabläufe (1973). Zusammengestellt von K. RUPPERT. Kallmünz = MSSW 7.

SPERLING, W. (1968): Über die Siedlungsformen in der Slowakei. — *Beiträge zur Genese der Siedlungs- und Agrarlandschaft in Europa.* Wiesbaden (= GZ, Beihefte. Erdkundliches Wissen, 18), S. 166 -173.

SPERLING, W. (1969): Bibliographische Hilfsmittel zur Landeskunde der Tschechoslowakei. – Erdkunde 23, S. 51-59.

SPERLING, W. (1971): Wirtschaftliche Beziehungen zwischen der BRD und der ČSSR. – GR 23, S. 200 -208.

SPERLING, W. (1975): Über den Geographieunterricht in der Deutschen Demokratischen Republik. Vorläufige Bestandsaufnahme. – GZ 63, S. 241-255.

SPERLING, W. (1976): Almgeographische Studien in der Niederen Tatra. – 40. Deutscher Geographentag, Innsbruck 1975. Tagungsbericht und wissenschaftliche Abhandlungen. Wiesbaden, S. 831-837.

SPERLING, W. (1976a): Über die Ausbildung der Geographielehrer in der Deutschen Demokratischen Republik. – GZ 64, S. 94 -120.

SPERLING, W. (1977): Geographie und Geographieunterricht in der DDR. München = Harms Pädagogische Reihe.

SPERLING, W. (1977a): Geographieunterricht und politische Bildung und Erziehung in der Deutschen Demokratischen Republik. – Frankfurter Beiträge zur Didaktik der Geographie, Bd. 1, Frankfurt a.M., S. 208-228.

SPERLING, W. (1978): Landeskunde DDR. Eine annotierte Auswahlbibliographie. München = Bibliographien zur regionalen Geographie und Landeskunde, 1.

SPERLING, W. (1978a): Der Beitrag der Geographie zur vergleichenden Deutschlandforschung. – Ber.z.dt.Landesk. 52, S. 105-120.

SPERLING, W. (1980): Geographieunterricht außerhalb der Bundesrepublik Deutschland. – KREUZER, G. (Hrsg.): Didaktik des Geographieunterrichts. Hannover usw., S. 331-343.

SPERLING, W. (1981): Tschechoslowakei. Beiträge zur Landeskunde Ostmitteleuropas. Stuttgart = UTB 1107.

SPERLING, W. (1981a): Die Behandlung Deutschlands im Geographieunterricht der DDR. – GR 33, S. 159 -162.

SPERLING, W. (1981b): Gehören die östlichen Nachbarländer Deutschlands zu Osteuropa? – Geographie und Schule 3, S. 1-7.

SPERLING, W. (1981/82): Geographieunterricht und Landschaftslehre. Sachstandsbericht und Bibliographisches Handbuch 1968 bis 1979/ 80. Bd. 1-4. Duisburg = BIB-report, Beihefte 20, 21, 25,26.

SPERLING, W. (1982): Geographieunterricht in der DDR. Bericht über das Jahr 1981. Teil I-II. – Geographie im Unterricht 7, S. 413- 418, 499-502.

SPERLING, W. (1982a): Formen, Typen und Genese des Platzdorfes in den böhmischen Ländern. Beiträge zur Siedlungsgeographie Ostmitteleuropas. Wiesbaden = GZ, Beihefte. Erdkundliches Wissen, 61.

SPERLING, W. (1982b): Geographieunterricht in der DDR. – HAUBRICH, H. (Hrsg.), 1982, S. 77-82.

SPERLING, W. (1982c): Geographieunterricht in der ČSSR. — HAUB-RICH, H. (Hrsg.), 1982, S. 67-76.

SPERLING, W. (1983): Die Deutsche Demokratische Republik. Ein wirtschafts- und sozialgeographischer Überblick. — Der Bürger im Staat 33, S. 63-71.

SPERLING, W. (1983a): Regionale Geographie in der DDR. — Ber.z.dt. Landesk. 57, S. 236 -260.

STADELBAUER, J. (1973): Bahnbau und kulturgeographischer Wandel in Turkmenien. Einflüsse der Eisenbahn auf Raumstruktur, Wirtschaftsentwicklung und Verkehrsintegration in einem Grenzgebiet des russischen Machtbereichs. Berlin = Osteuropa-Institut an der Freien Universität Berlin, Wirtschaftswissenschaftliche Veröffentlichungen, 34.

STADELBAUER, J. (1974): Die wirtschaftliche Regionalentwicklung zwischen dem Amu-darja-Delta und Westkazachstan unter dem Einfluß des Eisenbahnbaus. — Erdkunde 28, S. 282-295.

STADELBAUER, J. (1975): Zur jüngeren Entwicklung des Reisanbaus in der Sowjetunion. — Zeitschrift für ausländische Landwirtschaft 14, S. 249-266.

STADELBAUER, J. (1976): Zum Einzelhandel in einer sowjetischen Stadt. Beobachtungen und Überlegungen am Beispiel von Erevan (Armenische SSR). — Erdkunde 30, S. 266-276.

STADELBAUER, J. (1976a): Naturräume und wirtschaftliche Nutzungsmöglichkeiten in einem Trockengebiet. Beispiel: Die Turkmenische Sowjetrepublik. — GR 28, S. 349-356.

STADELBAUER, J. (1978): Der Weinbaukomplex Kaiserstuhl. Überprüfung der sowjetischen Konzeption des agro-industriellen Komplexes und der wirtschaftsräumlichen Gliederung an einem Beispiel aus dem Oberrheingebiet. — Regio Basiliensis 29, S. 143-171.

STADELBAUER, J. (1979): Siedlungsgeographische Implikationen von landwirtschaftlicher Kooperation und Integration in der Sowjetunion. — *Siedlungsgeographische Studien. Festschrift für Gabriele Schwarz.* Hrsg. von W. KREISEL, W.D. SICK, J. STADELBAUER. Berlin, New York, S. 239-271.

STADELBAUER, J. (1979a): Horizontale und vertikale Kooperation in der sowjetischen Landwirtschaft. Entwicklungsprobleme des nahrungswirtschaftlichen Agrarkomplexes, aufgezeigt an drei Beispielen aus der RSFSR. — GZ 67, S. 211-239.

STADELBAUER, J. (1980): Der sowjetische Lehrplan „Geographie". Einführung und Übersetzung mit einem kommentierten Bericht von J. BARTH „Besuch in einer Moskauer Schule". Braunschweig = Geographiedidaktische Forschungen 7.

STADELBAUER, J. (1980 unpubl.): The distribution of population and the socio-economic development in Soviet Caucasia. Unpubl. paper, IGU-Commission „Mountain Geoecology", Tsukuba, Japan.

STADELBAUER, J. (1981): Die Baikal-Amur-Magistrale (BAM). Textauszüge zur Behandlung eines sowjetischen Großprojekts in der S II. – Praxis Geographie 11, S. 145-149.

STADELBAUER, J. (1981a): Zu den Erscheinungsformen des Einzelhandels in der Volksrepublik China. – *Länderkunde und Entwicklungsländer. Festschrift für Josef Schramm.* Salzburg, S. 195-218.

STADELBAUER, J (1983): Landwirtschaftliche Integration in den Subtropen der Sowjetunion. Übertriebliche Zusammenarbeit im transkaukasischen Agrarraum. Berlin = Gieß.Abhandl., 120.

STADELBAUER, J. (1983a): Studien zur Agrargeographie Transkaukasiens. Subtropische Landwirtschaft im gesamtsowjetischen Rahmen. Berlin = Gieß.Abhandl., 121.

STADELBAUER, J. (1983b): Hochgebirgstourismus in der Sowjetunion. Entwicklung, Formen und Probleme am Beispiel des Großen Kaukasus. – Erdkunde 37, S. 199 -212.

STADELBAUER, J. (1984): Die Entwicklung der Agrarwirtschaft in der Mongolischen Volksrepublik während der 70er Jahre – Ein Beitrag zur Frage der Adoption des sowjetischen Vorbildes regionaler Agrarstrukturförderung. – Die Erde 115 (im Druck).

STADELBAUER, J. (1984a): Bergnomaden und Yaylabauern in Kaukasien. Zur demographischen Entwicklung und zum sozioökonomischen Wandel bei ethnischen Gruppen mit nicht-stationärer Tierhaltung. – Paideuma 30 (im Druck).

STAMS, M. u. W. (1976): Bevölkerungsverteilung und Siedlungsnetz in der DDR. Zur Entwicklung und Auswertung der Karte „Bevölkerungsverteilung" im Atlas der DDR. – Geographische Berichte 21, S. 1-14.

STEINBERG, H.G. (1974): Die Bevölkerungsentwicklung in den beiden Teilen Deutschlands nach dem 2. Weltkrieg. – GR 26, S. 169-176.

STEINBERG, H.G. (1974a): Die Bevölkerungsentwicklung der Städte in den beiden Teil Deutschlands vor und nach dem 2. Weltkrieg. – *Stadt-Land-Beziehungen und Zentralität als Problem der historischen Raumforschung.* Hannover (= Veröff.ARL, Forschungs- und Sitzungsberichte, 88 = Historische Raumforschung, 11), S. 265-297.

STEINERT, P. (1981): Góry Stolowe – Heuscheuergebirge. Zur Morphogenese und Morphodynamik des polnischen Tafelgebirges. Tübingen = Tübinger Geographische Studien, 81.

STEWIG, R. (1979): Probleme der Länderkunde. – STEWIG, R. (Hrsg.): Probleme der Länderkunde. Darmstadt (= Wege der Forschung, 391), S. 1-35.

STÖKL, G. (1975): Siedlung und Siedlungsbewegung im alten Rußland (13.-16. Jahrhundert). – SCHLESINGER, W. (Hrsg.), S. 755-779.

STOJMILOV, A. (1980): Freizeitwohnsitz-Siedlungen in Makedonien. – *Räumliche Struktur- und Prozeßmuster in der SR Makedonien.* Kallmünz (= MSSW 20), S. 51-57.

STREIT, L. (1980): Modernisierung in Landwirtschaft und Industrie. Aktuelle Berichterstattung der Beijing Rundschau. – Praxis Geographie 10, S. 177-184.

STREIT, L. (1981): Zur Raumwirksamkeit der Modernisierungspolitik in der VR China (Eine Analyse der Beijing Rundschau 1978-80). München = Geochina 6.

STRIDA, M. (1978): New Towns and Their Environment. – GeoJournal 2, S. 35-38.

Südosteuropa-Bibliographie (1982, 1976). Hrsg. vom Südost-Institut München. Bd. V. Teil 1: Südosteuropa und größere Teilräume, Ungarn, Rumänien, Slowakei. Teil 2: Albanien, Bulgarien, Jugoslawien. München.

SUN Dianging, CHEN Qingxuan, GAO Qinghua (1980): Geomecanics and their Application in Petroleum Geology. – GeoJournal 4, S. 499 -505.

SUNIZA, L. (1981): Die Landwirtschaft der Sowjetunion. Wien.

Thesen zu den Ursachen der jüngsten Stagnation in der Pflanzenproduktion der UdSSR. („Gießener Thesen") (1983). – Osteuropa 33, S. 101-106.

TAUBMANN, W. (1981): Entwicklungsprobleme der Volksrepublik China. – Geographie heute 1, H. 4, S. 2-15.

THALHEIM, K.C. (1980): Die wirtschaftswissenschaftliche Ostforschung. – Osteuropa 30, S. 813- 841.

THIELE, P. (1982): Nomaden im Sozialismus? Zur heutigen Situation der Nomaden in der Mongolischen Volksrepublik. – SCHOLZ, F., J. JANZEN (Hrsg.): Nomadismus – ein Entwicklungsproblem? Berlin (= Abhandlungen des Geographischen Instituts – Anthropogeographie, 33), S. 233-237.

TISMER, J.F. (1963): Die Transportentwicklung im Industrialisierungsprozeß der Sowjetunion. Berlin = Osteuropa-Institut an der Freien Universität Berlin, Wirtschaftswissenschaftliche Veröffentlichungen, 19.

TÖMMEL, I. (1980): Der Gegensatz von Stadt und Land im realen Sozialismus. Reproduktion kapitalistisch geprägter Industriestrukturen durch Planwirtschaft in der DDR. Kassel = Urbs et Regio 22.

TOLMATCHEV, A.I. (1970): Die Erforschung einer entfernten „Wald-insel" in der Großland-Tundra. − *Argumenta Geographica. Fest-schrift Carl Troll zum 70. Geburtstag.* Bonn (= Colloquium Geogra-phicum, 12), S. 98-103.

TOPEL, Th. (1974): Der Bezirk Halle. Profil eines wirtschaftlich bedeu-tenden Bezirks der DDR. − GR 26, S. 192-199.

TOPEL, Th. (1977): Der Bezirk Cottbus − Energiezentrum der DDR. − GR 29, S. 270 -274.

Tourism and Borders. Proceedings of the Meeting of the IGU Working Group Geography of Tourism and Recreation Ljubljana − Trieste 15.-19.9.1978 (1979). Frankfurt a.M. = Frankfurter Wirtschafts-und Sozialgeographische Schriften, 31.

TREUDE, E. (1977): Auswanderung aus dem südlichen Westfalen ins Banat im 18. Jahrhundert. − *Festschrift 40 Jahre Geographische Kommission für Westfalen. Westfalen und Niederdeutschland. Band I.* Münster/Westf. (= Spieker, 25), S. 295-307.

TREUDE, E. (1981): Sauerländer Gassen im Banat. − *Westfalen − Nordwestdeutschland − Nordseesektor. Wilhelm Müller-Wille zum 75. Geburtstag von seinen Schülern.* Münster/Westf. (= Westfälische Geographische Studien, 37), S. 377-386.

TRIFUNOSKI, J.F. (1971): Ansiedlung nomadischer Viehzüchter in Mazedonien. − MÖGG 113, S. 143-145.

TROLL, C. (1947): Die geographische Wissenschaft in Deutschland in den Jahren 1933 bis 1945. Eine Kritik und Rechtfertigung. − Erd-kunde 1, S. 3- 48.

Tschechoslowakei (1977). Hrsg. vom Collegium Carolinum. München.

TURNOCK, D. (1979): Water Resource Management Problems in Ro-mania. − GeoJournal 3, S. 609- 622.

UDGAARD, N.M. (1979): Der ratlose Riese − Alltag in der Sowjet-union. Hamburg.

UHLIG, H. (1982): Das Hochland von Tibet − Naturraum und Kultur-landschaft. − MÜLLER, C.C., W. RAUNIG (Hrsg.): Der Weg zum Dach der Welt. Innsbruck, Frankfurt a.M. o.J., S. 15 -23.

Umweltschutz in Ostmitteleuropa (1977). Hrsg. vom J.-G.-Herder-Insti-tut. Marburg/L.

URBAN, R. (1970): Alarmierende Bevölkerungsentwicklung in der Tschechoslowakei. − Osteuropa 20, S. 783-793.

VARGA, W. (1982): Die jugoslawischen Außenwirtschaftsbeziehungen vor dem Hintergrund ihrer weiteren Finanzierbarkeit (1981-1985). − Österreichische Osthefte 24, S. 191-212.

VELITCHKO, A.A., T.D. MOROZOVA (1976): Stages of development and palaeogeographical inheritance of the recent soils features in the center of the Russian Plain. – Catena 3, S. 169-189.

VINCENTZ, V. (1979): Wachstumsschwankungen der sowjetischen Wirtschaft. Ausmaß, Auswirkungen, Ursachen. Köln = Ber.BInst.f. ostw.u.intern.St., 15-1979.

VOGELSANG, R. (1976): Regionale Mobilität in der Sowjetunion. – Erdkunde 30, S. 186 -197.

VOJVODA, M. (1969): Almgeographische Studien in den slowenischen Alpen. – *Almgeographische Studien in den slowenischen Alpen.* Kallmünz (= MSSW 5), S. 9-50.

VRIŠER, I. (1973): Städte in Slowenien – Einige Merkmale des Städtenetzes, der Entwicklung und sozialökonomischen Bedeutung der Städte. – *Sozialgeographische Probleme Südosteuropas. Aspekte raumdifferenzierender Prozeßabläufe.* Kallmünz (= MSSW 7), S. 75-85.

VRIŠER, I. (1976): Industrialisierung von Slowenien. – WOLF, K. (Hrsg.): Sozialgeographische Fragestellungen. Beiträge zum Symposium in Ljubljana/Maribor 1975. Frankfurt a.M. (=Geographisches Institut der Universität Frankfurt. Materialien 5), S. 183-194.

VRIŠER, I. (1977): Die Probleme der Raumplanung in Jugoslawien. – *Der ländliche Raum – eine Aufgabe der Raumplanung. Festschrift für Th. Weidmann und E. Winkler.* Zürich (= Institut ORL, ETH Zürich. Schriftenreihe zur Orts-, Regional- und Landesplanung, 28), S. 182-191.

WÄDEKIN, K.-E. (1967; 1973): Privatproduzenten in der sowjetischen Landwirtschaft. Köln = Aktuelle Studien, hrsg. vom Bundesinst.f. ostwiss.u.intern.Stud., 5 (engl. Übersetzung: The private sector in Soviet agriculture. Ed. by G. KARCZ, transl. by K. BUSH. Berkeley usw.).

WÄDEKIN, K.-E. (1974, 1978): Sozialistische Agrarpolitik in Osteuropa. Bd. I-II. Berlin = Gieß.Abhandl., 63 u. 67.

WÄDEKIN, K.-E. (1976): Agrarwirtschaft in sozialistischen Ländern. – Handwörterbuch der Wirtschaftswissenschaft, 1./2. Lfrg., Stuttgart, S. 195-211.

WÄDEKIN, K. -E. (1977): Agro-industrielle Integration in Bulgarien. – Agrarwirtschaft 26, S. 51-56.

WÄDEKIN, K.-E. (1980): Agrarwissenschaftliche Osteuropaforschung. – Osteuropa 30, S. 842- 845.

WÄDEKIN, K.-E. (Hrsg.) (1982): Current Trends in the Soviet and East European Food Economy. Osteuropas Nahrungwirtschaft Gestern und Morgen. Berlin = Gieß.Abhandl., 113.

WÄDEKIN, K.-E. (1983): Sowjetische Landwirtschaft in der Stagnation. – Osteuropa 33, S. 89-100.

WÄDEKIN, K.-E., E. ANTAL (1978): Zur jüngsten Entwicklung des landwirtschaftlichen Privatsektors in Osteuropa. – Osteuropa 28, S. 732-737.

WAGENER, H.-J. (1972): Wirtschaftswachstum in unterentwickelten Gebieten. Ansätze zu einer Regionalanalyse der Sowjetunion. Berlin = Veröffentlichungen des Osteuropa-Instituts München, Reihe Wirtschaft und Gesellschaft, 12.

WAGENER, H.-J. (1974/75): Sectoral Growth: The Case of Soviet Agriculture. – Jahrbücher für Nationalökonomie und Statistik 188, S. 512 -538.

WALLERT, W. (1974): Sozialistischer Städtebau in der DDR. – GR 26, S. 177-182.

WALTER, H. (1974): Die Vegetation Osteuropas, Nord- und Zentralasiens. Stuttgart = Vegetationsmonographien der einzelnen Großräume, VII.

WANG Shao-wu, ZHAO Zong-ci, CHEN Zhen-hua (1981): Reconstruction of the Summer Rainfall Regime for the last 500 Years in China. – GeoJournal 5, S. 117-122.

WEBER, E., B. BENTHIEN (1976): Einführung in die Bevölkerungs- und Siedlungsgeographie. Gotha/Leipzig = Studienbücherei Geographie für Lehrer, 2.

WEIDLEIN, J. (1981): Hungaro-Suebica. Gesammelte Beiträge zur Geschichte der Ungarndeutschen und der Madjaren. Schorndorf.

WEIGT, E. (1978): Die Wolga. Vom Strom zur Stauseetreppe. – GR 30, S. 436 - 440.

WEIN, N. (1973): Sozial- und wirtschaftsgeographische Wandlungen in Dalmatien. Beispiel: Die westlichen Kvarner Inseln. – GR 25, S. 272-281.

WEIN, N. (1973a): Die Entvölkerung des jugoslawischen Karstes. – Zs. f.WGeogr. 17, S. 50-52.

WEIN, N. (1977): Die Lößinsel Susak – eine naturgeographische Singularität in der jugoslawischen Inselwelt. – PGM 121, S. 123-132.

WEIN, N. (1979): Die westlichen Kvarner Inseln – sieben Jahre später. – GR 31, S. 154 -156.

WEIN, N. (1980): Die sowjetische Landwirtschaft seit 1950. Paderborn = Fragenkreise.

WEIN, N. (1980a): Fünfundzwanzig Jahre Neuland. – GR 32, S. 32-38.

WEIN, N. (1981): Die ostsibirische Steppenlandwirtschaft – Neulandgewinnung und ihre ökologische Problematik. – Erdkunde 35,

S. 263-273.

WEIN, N. (1981a): Die wirtschaftliche Erschließung Sowjetasiens. Paderborn = Fragenkreise.

WEIN, N. (1981b): Die Zukunft der sowjetischen Energiewirtschaft. – Z.f.WGeogr. 25, S. 242-249.

WEIN, N. (1983): Das sowjetische Agrarprogramm vom Mai 1982. – Zeitschrift für Agrargeographie 1, H. 1, S. 67- 90.

WEIN, N. (1983a): Die Sowjetunion. Paderborn usw. = UTB 1244.

WEISSENBURGER, U. (1983): Monetärer Sektor und Industrialisierung der Sowjetunion (1927-1933). Die Geld- und Kreditpolitik während der 1. Phase der Industrialisierung der UdSSR. Ihre externen und internen Rahmenbedingungen und ihre Auswirkungen auf das Gesamtwirtschaftliche Gleichgewicht. Frankfurt a.M.

WEITZ, R. (1980): Entwicklung des ländlichen Raumes und Dorferneuerung in China. – *Raumplanung in China. Prinzipien – Beispiele – Materialien.* Dortmund (= Dortmunder Beiträge zur Raumplanung, 15), S. 95-150.

WENZLER, F. (1977): Raumplanung in der Sozialistischen Republik Kroatien. Hannover = Akademie für Raumforschung und Landesplanung, Beiträge, 10.

WERNER, F. (1969): Städtebau Berlin(0). Berlin.

WERNER, F. (1969a): Die Raumordnungspläne in der DDR. – Institut für Raumordnung, Informationen 19, S. 161-171.

WERNER, F. (1978): Stadtplanung Berlin. Theorie und Realität. Teil I: 1900 -1960. 2. Aufl. Berlin.

WERNER, F. (1978a): Begriffe und Ziele der Raumordnungspolitik in der DDR. – Raumforschung und Raumordnung 36, S. 192-193.

WERNER, F. (1980): Raumordnungspolitik in der DDR. – *Raumordnung und Regionalplanung in europäischen Staaten. 1. Teil.* Hannover (= Akademie für Raumforschung und Landesplanung, Beiträge, 42), S. 1-6.

WERNER, F. (1980a): Raumordnerische Information und Regionalstatistik in der DDR. – Raumforschung und Raumordnung 38, S. 130 - 135.

WERNER, F. (1981): Stadt, Städtebau, Architektur in der DDR. Aspekte der Stadtgeographie, Stadtplanung und Forschungspolitik. Erlangen.

WERNER, F. (1983): Die Raumordnungspolitik der DDR. Hannover = Akademie für Raumforschung und Landesplanung, Beiträge (im Druck).

WERSCHNITZKY, U., A. MÄHLMANN (1973): Horizontale und vertikale Integration in der Entwicklung der rumänischen Landwirtschaft. – Berichte über Landwirtschaft, N.F. 51, S. 352 -395.

WIDMER, U. (1981): Zur Modernisierung der chinesischen Landwirtschaft. – Geographie heute 1, H. 4, S. I-VIII.

WIDMER, U. (1981a): Die chinesischen Lößhochebene. Ernährungswirtschaft und Ökologie im Widerstreit. – GR 33, S. 88 - 96.

WIEBE, D. (1977): Raumgestaltende Wirtschafts- und Sozialsysteme in Mittelasien. Paderborn usw. = Fragenkreise.

WILKENS, H. (1978): Sozialproduktvergleich zwischen der Bundesrepublik Deutschland und der DDR. Köln = Ber.BInst.f.ostw.u.intern. St., 21-1978.

WILHELM, F. (1978): Die Rolle der Konsumgüterindustrie in der Industrialisierung Rumäniens. Diss. Wirtschaftsgeographie, Universität Wien.

WIRTH, E. (1975): Die orientalische Stadt. Ein Überblick aufgrund jüngerer Forschungen zur materiellen Kultur. - Saeculum 26, S. 45-94.

Die wirtschaftliche Entwicklung in ausgewählten sozialistischen Ländern Osteuropas zur Jahreswende 1981/82 (1982). Hrsg. von K. BOLZ. Hamburg = Veröffentlichungen des HWWA-Institut für Wirtschaftsforschung Hamburg.

Wirtschaftsprobleme Osteuropas in der Analyse. Ausgewählte Beiträge zum 2. Weltkongreß für Sowjet- und Osteuropastudien (1982). Hrsg. von H. VOGEL. Berlin = Osteuropaforschung, 8.

WISSMANN, H.v. (1948-49): Geographie, Teil I-IV. Wiesbaden = Naturforschung und Medizin in Deutschland, 1933-1945 (Für Deutschland bestimmte Ausgabe der Fiat Review of German Science).

WÖHLKE, W. (1964): Zum Problem der ländlichen Überbevölkerung in Polen. – *Kulturraumprobleme aus Ostmitteleuropa und Asien.* Kiel (= Schriften des Geographischen Instituts der Universität Kiel, 23), S. 151-178.

WÖHLKE, W. (1965): Naturbedingte Grundlagen und Probleme der sowjetischen Wirtschaft. – Osteuropa Wirtschaft 10, S. 1-26.

WÖHLKE, W. (1966): Das Land zwischen Masuren und Bug. Göttingen = Abhandlungen der Akademie der Wissenschaften in Göttingen. Math.- nat.Kl. 3, Folge 27.

WÖHLKE, W. (1967): Das Potential des polnischen Wirtschaftsraumes und die Probleme seiner Inwertsetzung. – GR 19, S. 170-184.

WÖHLKE, W. (1969): Die Kulturlandschaft als Funktion von Veränderlichen. Überlegungen zur dynamischen Betrachtung in der Kulturgeographie. – GR 21, S. 298 -308.

WÖHLKE, W. (1970): Die Entwicklung der agraren Kulturlandschaft im Tiefland Ost- und Ostmitteleuropas. – *Aktuelle Probleme geogra-*

phischer Forschung. Festschrift für J.H. Schultze. Berlin (= Abhandlungen des 1. Geographischen Instituts der Freien Universität Berlin, 13), S. 261-309.

WÖHLKE, W. (1975): Zur Situation der gegenwartsbezogenen Ostmitteleuropa-Forschung. — *Probleme der Ostmitteleuropaforschung*. Marburg/L., S. 44 -55.

WÖHLKE, W. (1976): Der Raum und seine Gliederung; — Die Agrarpolitik. — *Polen*. München (= Länderberichte Osteuropa II), S. 23-41, 170-174.

WÖHLKE, W. (1980): Zur Integration der sechs westlichen RGW-Staaten. — *Probleme des Wirtschaftssystems, der Integration und der Industrieentwicklung in Polen und der Tschechoslowakei*. Marburg/L., S. 86 -105.

WÖHLKE, W. (1980) (Hrsg.): Probleme des Wirtschaftssystems, der Integration und der Industrieentwicklung in Polen und der Tschechoslowakei. Marburg/L. (= Wirtschafts- und sozialwissenschaftliche Ostmitteleuropa-Studien, 1).

WÖHLKE, W. (1981): Schulbuchrevision mit Polen — ein Nachruf auf Mitteleuropa. — Fragen und Probleme am Beispiel der deutsch-polnischen Schulbuchrevision im Fach Geographie. — *Der Geographieunterricht im Bildungssystem Polens und der Tschechoslowakei*. Marburg/L. (= Wirtschafts- und sozialwissenschaftliche Ostmitteleuropa-Studien, 2), S. 53-97.

WÖHLKE, W. (1982): Das Rohstoffproblem der Schlüsselindustrien in der ČSSR und in Polen. — *Integration im Rat für gegenseitige Wirtschaftshilfe (RGW). Das Beispiel Polens und der ČSSR*. Marburg/L., S. 25-50.

WOJEWÓDKA, Cz. (1978): Trend in Polish Seaborne Trade. — GeoJournal 2, S. 175 -178.

WRZOSEK, A. (1978): Probleme der Energieversorgung Polens. — Wirtschaftsgeographische Studien, 2, H. 3, S. 78 -86.

WURMS, Ch. (1976): Raumordnung und Territorialplanung in der DDR. Dortmund = Dortmunder Beiträge zur Raumplanung, 2.

ZABEL, G. (1977): Die Erschließung von Ackerland durch Bewässerung in der Sowjetunion. Stuttgart-Hohenheim = Universität Hohenheim, Fachgebiet Pflanzenbau in den Tropen und Subtropen. Arbeiten und Berichte, 20 (unter dem Titel: Die Erschließung landwirtschaftlicher Nutzflächen durch Bewässerungsmaßnahmen in der Sowjetunion, Diss. Agrarwiss., Universität Hohenheim 1978).

ZALESKI, J. (1977): The Future of Truck-Haulage in Europe as Seen from the Point of View of Socialist Countries. — GeoJournal 1,

S. 91-98.

ZALESKI, J. (1978): Poland's Maritime Economy in the Post WW II Period. — GeoJournal 2, S. 179 -190.

ZERNACK, K. (1978): Zu den orts- und regionalgeschichtlichen Voraussetzungen der Anfänge Petersburgs. — Forschungen zur osteuropäischen Geschichte 25, S. 389 - 402.

ZHANG Zhi-gan (1980): Karst Types of China. — GeoJournal 4, S. 541-570.

ZHANG Zunhu (1980): Loess in China. — GeoJournal 4, S. 525-540.

ZHAO Songqiao, HAN Qing (1981): Landwirtschaftliche Erschließung am Nordrand des Tarims-Beckens. Ökologische Folgen und Vorschläge zu deren Kontrolle. — GR 33, S. 113-118.

ZHENG Du (1983): Untersuchungen zur floristisch-pflanzengeographischen Differenzierung des Xizang-Plateaus (Tibet), China. — Erdkunde 37, S. 34 - 47.

ZÖGNER, L. (1983): China Cartographica. Chinesische Kartenschätze und europäische Forschungsdokumente. Ausstellung der Staatsbibliothek zum 150. Geburtstag des Chinaforschers Ferdinand v. Richthofen. Berlin = Staatsbibliothek Preußischer Kulturbesitz, Ausstellungskataloge, 19.

ZORN, W. (1972): Industrialisierung Südosteuropas im 19. Jahrhundert. Forschungs-Zwischenbericht. — *Symposion des Wissenschaftlichen Beirates der Südosteuropa-Gesellschaft am 25./26. Juni 1971 in München*. München (= Südosteuropa-Studien, 19), S. 91-97.

ZOTSCHEW, T.D. (1972): Strukturwandel in Wirtschaft und Gesellschaft Südosteuropas. Eine sozial-ökonomische und statistische Analyse anläßlich des 20jährigen Bestehens der Südosteuropa-Gesellschaft. München = Südosteuropa-Studien, 20.

ZSILINCSAR, W. (1971): Sozialgeographischer Wandel im ländlichen Raum von Split/Jugoslawien. — Zeitschrift für ausländische Landwirtschaft 10, S. 248-265.

Zwischen Rostock und Saarbrücken. Städtebau und Raumordnung in beiden deutschen Staaten (1973). Düsseldorf.

REGISTER

Autorenregister

173

Regionalregister

Sachregister

178

181

Aus dem weiteren Programm

5489-X   Boesler, Klaus Achim:
Raumordnung. (EdF, Bd. 165.)

1982. VII, 255 S. mit zahlr. Fig., Diagr. u. Tab., 1 Faltkt., kart.

Dieser Bericht über die Situation der Raumordnung im geographischen Bereich bietet unter ausführlicher Bereitstellung einschlägiger bibliographischer Daten eine Darstellung der gegenwärtigen Forschungsdiskussion sowie der aktuellen Grundsatzfragen.

8053-X   Klug/Lang:
Einführung in die Geosystemlehre.

1983. XII, 187 S. mit 43, zum Teil farb. Abb. u. 3 Tab., 1 farb. Faltkt., kart.

Ziel dieses Buches ist es, Wirkungsgefüge, Stoff- und Energiehaushalt von Geosystemen zu kennzeichnen und somit einen Forschungsansatz vorzustellen, der für die weitere Entwicklung der Physischen Geographie und deren Praxisrelevanz sicherlich entscheidende Bedeutung haben wird.

7624-9   Mensching, Horst (Hrsg.):
Physische Geographie der Trockengebiete. (WdF, Bd. 536.)

1982. VI, 380 S., Gzl.

Der geomorphologische Formenreichtum in Gebieten, die man „wüst" und „leer" nennt, ist groß. Je nach der geographischen Lage, dem Klima und der Beschaffenheit des natürlichen Untergrundes solcher Trockenräume sind die methodischen Zugänge zur Erforschung der einzelnen Eigenschaften und des Gesamtphänomens unterschiedlicher Art. Dieses Buch bietet Forschungsschwerpunkte der physischen Geographie der Trockenzone der Erde sowie deren grundlegende Erkenntnisse und Gedanken in wichtigen Beiträgen seit den zwanziger Jahren.

8161-7   Weber, Peter:
Geographische Mobilitätsforschung. (EdF, Bd. 179.)

1982. VIII, 190 S. mit 9 Abb. u. 13 Tab., kart.

Die Energieprobleme der jüngsten Zeit haben deutlich werden lassen, daß unsere arbeitsteilige Gesellschaft nur dann funktionieren kann, wenn sich die Mobilität des Menschen im Raum voll entfalten kann. In diesem Buch werden die vielfältigen innerhalb der Geographie entwickelten Forschungsansätze und erdweiten Analysen von Mobilitätsphänomenen in ihren wichtigsten Erträgen dargestellt.

WISSENSCHAFTLICHE BUCHGESELLSCHAFT
Hindenburgstr. 40   D-6100 Darmstadt 11

Aus dem ⓦ-Gesamtprogramm

6713-4 Giese, Richard-Heinrich:
Einführung in die Astronomie.

1981. XII, 395 S. mit 21 Tab. u. 75. Abb., 34 Abb. auf 32 S. Kunstdr.

In kompakter, aber leicht lesbarer Form legt Giese die wichtigsten Grundlagen und interessantesten Ergebnisse der Astronomie dar. Das Manuskript ist aus einem Universitätskurs für Lehramtskandidaten hervorgegangen und sowohl zum Selbststudium wie auch als mögliche Arbeitsgrundlage für die neugestaltete gymnasiale Oberstufe gedacht.

3179-2 Hütteroth, Wolf-Dieter:
Türkei. (WL, Bd. 21.)

1982. XXI, 548 S. mit mehreren Tab., 111 Abb. u. 5 farb. Kt., kart.

Die Türkei zeigt in ihrer Landschaftsphysiognomie deutliche Beziehungen zu ihren europäischen wie auch zu ihren orientalischen Nachbarländern. Hier vollzieht sich der Übergang südosteuropäischer zu orientalischer Kulturlandschaft, verbunden mit einem Entwicklungsgefälle von West nach Ost.

7058-5 Kienast, Dietmar:
Augustus.

1982. X, 515 S. mit 1 Kt., 2 Faltkt., Gzl.

Das Buch gibt einen Überblick über die reichen Ergebnisse der internationalen Forschung, besonders der letzten Jahrzehnte. Anhand einer an den Quellen orientierten Darstellung des Aufstiegs und der Politik des Oktavian/Augustus werden alle Bereiche seines politischen Wirkens diskutiert und noch bestehende Forschungsprobleme aufgezeigt.

8629-5 Krieg, Werner:
Einführung in die Bibliothekskunde.

1982. VI, 164 S., kart.

Dieses Buch gibt u. a. eine Charakteristik der verschiedenen Bibliothekstypen, eine Darstellung der Organisation des Bibliothekswesens und eine Schilderung der Arbeitsabläufe in den Bibliotheken. Ein Überblick über die Geschichte der Bibliotheken sowie Ratschläge für die Benutzung runden das Bild ab.

9365-8 Ranke, Leopold von:
Über die Epochen der neueren Geschichte. Vorträge dem Könige Maximilian II. von Bayern gehalten. (Hundertjahr-Gedächtnisausgabe 1954.)

Reprogr. Nachdr. 1982. VIII, 167 S., Paperback.

In den berühmten Vorlesungen, die Ranke im Jahre 1854 vor dem bayerischen König hielt, hat er den Versuch gemacht, in kurzem Abriß die historische Entwicklung von der ausgehenden Antike bis zur Mitte des 19. Jahrhunderts aufzuzeigen, von den Grundlagen des römischen Weltreiches bis zur „konstitutionellen Zeit".

WISSENSCHAFTLICHE BUCHGESELLSCHAFT

Hindenburgstr. 40   D-6100 Darmstadt 11